Heidi Grund-Thorpe

Selbst genäht!
Grundlagen, Tipps und kreative Ideen

Inhalt

Modische Accessoires

4	IT-Bag für Jeansgirls
6	Brosche und Anhänger „American Style"
9	Handytasche mit Schlüsselanhänger
10	Marktkorb mit buntem Innenleben
13	Gartenschürze im Vintage-Stil
14	Krimskrams-Beutel
17	Elegante Schleifenkette
18	Etuis für Stifte und Handy

Wohnen mit Flair

20	Patchworkdecke zum Träumen
23	Tragbares Sitzkissen
24	Picknick-Accessoires
26	Frische Sommerhandtücher
29	Stoffkörbchen mit Zug
31	Hülle für Rezepteordner

Modelle für Kinder

32	Shirts mit Pep
35	Sommer-Outfit
36	Sonnenhut für kleine Ladys

Grundwissen Nähen

38	Arbeitsplatz
39	Nähmaschine und Bügeleisen
40	Werkzeuge zum Nähen
42	Näh-, Zierstich- und Spezialfäden
43	Stabilisatoren
44	Basisstiche
48	Nähte
50	Säume
52	Verstürzen
56	Kanten einfassen
57	Schrägband
61	Verschlüsse
64	Impressum

Vorwort

Sie kennen das sicher: Sie haben etwas gesehen, das Sie nicht mehr loslässt. Das Sie so begeistert hat, dass Sie es unbedingt haben wollen. Sie möchten es am liebsten selber machen, aber Sie wissen nicht so recht wie…

Mit unseren kreativen Ideen möchten wir Sie begeistern und sagen Ihnen dabei gleich, wie es geht. Denn ob modische Accessoires (ab Seite 4), schöne Home-Deko und Praktisches für draußen (ab Seite 20) oder fröhliches Design für die Jüngsten (ab Seite 32), für alle Ideen aus dem Gütermann creativ-Atelier gibt es ausführliche Anleitungen und Skizzen, ergänzt mit Querverweisen zum sofortigen Nachschlagen im Grundwissen ab Seite 38. Detailliert finden Sie dort die Nähtechniken Schritt für Schritt in Wort und Bild erklärt. Sie erhalten Antworten auf Fragen wie beispielsweise welcher Faden der Richtige ist, warum ein Qualitätsfaden so wichtig ist und welche Funktion Vliese haben.

Kurz, das Gütermann creativ-Buch „Selbst genäht!" ist ein Nähbuch, das nicht nur inspiriert, sondern auch bestens informiert. Ein Ratgeber, den Sie sicher nicht mehr missen möchten.

Lassen Sie sich zum Mitmachen verführen!

Ich wünsche Ihnen viel Spaß dabei!

Heidi Grund-Thorpe

IT-Bag für Jeansgirls

Material

gebrauchte Jeans oder -shorts

je 0,35 m hellblau-weißgestreifter Baumwollstoff und Volumenvlies HH 650, 150 cm breit

Pailletten hologramm in Schwarz, Rot, Silber

Rocailles in Blau-Schwarz, Grau, Silber, Rot

Allesnäher in Rot und Jeansblau

Zuschneiden

zzgl. 1 cm Nahtzugabe

Jeanshose in Schritthöhe

Futter und Volumenvlies je 4 x: Maße der Jeanshose in der Höhe plus 7 cm x Breite plus 2 cm

Träger je 2 x aus Jeans- und Futterstoff 70 x 4 cm

Used Look

Alle Teile mit rotem Nähfaden verarbeiten, dabei sind Nähte und Nahtzugaben von rechts sichtbar. Die Schnittkanten mit dem Overlockstich der Nähmaschine oder der Overlockmaschine versäubern.

Ist die heiß geliebte Jeans vollständig zerschlissen, dann nähen Sie daraus eine Tasche. Mit Pailletten im Stars-and-Stripes-Look ein absolutes Trendobjekt!

NÄHEN

Die unteren Taschenkanten rechts auf rechts 1 cm breit aufeinandernähen und die Nahtzugaben auseinanderbügeln. Für den Boden die Seitennaht von der Ecke aus rechts auf rechts auf die untere Taschennaht klappen, so entsteht eine Spitze. 3,5 cm entlang der Naht ab der Spitze messen, an diesem Punkt im rechten Winkel eine Linie markieren. Die Quernaht steppen und die Nahtzugabe 0,5 cm breit zurückschneiden (s. S. 14, Krimskrams-Beutel, letzter Arbeitsschritt).

Für die Futtertasche je 2 Futterteile links auf links mit dazwischengelegtem Volumenvlies aufeinanderbügeln. Die Futterteile rechts auf rechts stecken, die Seiten- und Bodennähte 1 cm breit steppen. Die Nahtzugaben auseinanderbügeln, die Schnittkanten und die obere Kante versäubern. Die Bodenecken wie beim Oberstoff abnähen.

Für die Träger je 1 Streifen- und Jeanszuschnitt links auf links bündig aufeinanderlegen, an den Längskanten füßchenbreit aufeinandersteppen und zusammengefasst versäubern. Die Henkelenden auf der Innenseite der Tasche 1 cm breit über der Bundansatznaht mittig mit 16 cm Abstand zueinander feststecken, entlang der Bundansatznaht von rechts feststeppen (Allesnäher farblich passend zur Jeanssteppnaht abstimmen).

Das Futter in die Jeanstasche schieben und rundum feststecken, dabei liegen die Nähte bündig übereinander, oben steht das Futter ca. 6 cm für den Umschlag über. Das Futter von rechts entlang der Oberkante des Jeansbundes festnähen, dabei den Über- und Untertritt am Hosenschlitz und die Gürtelschlaufen aussparen.

Applikation

Für die Paillettenapplikation zwei Sterne in verschiedenen Größen (Vorlage S. 6, beliebig vergrößern) auf der Jeanstasche platzieren und aufzeichnen. Die Sterne mit Pailletten und passenden Rocailles nach Belieben in Rot, Schwarz und Silber aussticken (s. Anhänger Stern mit Pailletten S. 7).

Brosche und Anhänger „American Style"

Material Brosche

Rest hellblau-weißgestreifter Baumwollstoff und Rest mit einer Jeanssaumkante, Volumenvlies HH 650

0,35 m rot-weiß gestreiftes Taftband, 1,5 cm breit

Pailletten hologramm in Schwarz, Rot, Silber

Rocailles in Blau-Schwarz, Grau, Silber, Rot

Broschennadel in Silber

Allesnäher in Rot

Zuschneiden

zzgl. 1 cm Nahtzugabe

30 x 6 cm aus dem Hosenbein mit der Saumkante einer Jeanshose

25 x 6 cm aus gestreiftem Baumwollstoff

Stern nach Vorlage: 2 x aus Jeansstoff und 1 x aus Volumenvlies (rundum 3 mm kleiner)

Ein Orden als witzige Auszeichnung – sowohl Ihrer Nähkunst als auch Ihres Stils. Mit einem Augenzwinkern zeigen Sie, was Sache ist.

BROSCHE

Den Jeansstreifen entlang der ungesäumten Längskante versäubern. Die Schmalseiten links auf links aufeinanderstecken und 1 cm breit zum Ring zusammennähen. Die Zugaben zurückschneiden und zusammengefasst versäubern (s. Tipp „Used Look", S. 4). Eine Reihnaht (s. S. 44) entlang der versäuberten Kante nähen, die Unterfäden fest zusammenziehen und verknoten.

Den Stoffstreifen der Länge nach links auf links zur Hälfte bügeln. Die offenen Längskanten zusammengefasst versäubern. Die Schmalseiten links auf links 1 cm breit zusammennähen, die Zugaben zusammengefasst versäubern und zurückschneiden. Entlang der Bruchkante eine Reihnaht nähen, einkräuseln und die Fäden verknoten (s. S. 44). Die gestreifte Rosette mittig auf die Jeansrosette nähen, sodass alle Nähte und Saumkanten von rechts sichtbar sind.

Stern mit Pailletten anfertigen

Die Sterne aus Jeansstoff links auf links mit dazwischengelegtem Volumenvlies bündig aufeinanderlegen und bügeln. Knappkantig entlang der Konturen aufeinandersteppen.

Den Stern von rechts mit überlappenden Pailletten und passenden Rocailles in Schwarz, Silber und Rot besticken. Dazu den Faden mit wenigen Stichen fixieren, eine Paillette und eine Rocaille auffädeln, den Faden durch die Paillette zurückführen und im Stoff fixieren. Entlang der Kontur eine Reihe Pailletten in Schwarz aufnähen, im Inneren den Stern mit silbernen Pailletten flächig bedecken, mittig eine Paillette in Rot aufnähen.

Taftband links auf rechts zur Hälfte legen, sodass die Bruchkante eine stehende Schlaufe bildet und die Bandenden überkreuzen. Gefaltetes Taftband mit überstehender Schlaufe mittig über die Rosette stecken und mit dem Paillettenstern abdecken. Alle aufeinanderliegenden Teile mittig von Hand festnähen, die Taftbänder schräg abschneiden. Die Broschennadel auf der Mitte der Rückseite annähen.

Anhänger

Taftband der Länge nach zur Hälfte legen und den Karabinerring auffädeln.

Die Jeanssterne links auf links mit Volumenvlies dazwischen bündig aufeinanderlegen, dabei das Taftband mit den Bandenden an einer Spitze des Sterns so weit dazwischenschieben, dass das Band mit Ring ab der Spitze 4 cm übersteht. Alle Lagen mit dem Bügeleisen aufeinander fixieren.

Den Stern rundum knappkantig absteppen, dabei das Taftband gleichzeitig mitfassen.

Besticken Sie den Anhänger von rechts mit Pailletten und passenden Rocailles auf der gesamten Fläche mit beliebiger Anordnung (s. Brosche, Stern mit Pailletten, S. 6).

Abschließend den Karabiner in den Ring einhängen (der zweite Karabinerring wird nicht benötigt).

Material Anhänger

Jeansstoff, Pailletten und Rocailles (wie bei der Brosche)

1 Taschenkarabiner in Silber

Jeansrest, 15 x 15 cm

Rest Volumenvlies HH 650

0,20 m rot-weißgestreiftes Taftband

Zuschneiden

Stern 2 x aus Jeansstoff, 1 x aus Volumenvlies (3 mm kleiner)

Vorlage S. 6 vergrößern mit 170–200 %

Handytasche mit Schlüsselanhänger

Spielerisch hält die Handytasche das zusammen, was Sie mit einem Griff brauchen: Ihr Handy und den Haus- oder Autoschlüssel. Lästiges Suchen entfällt!

NÄHEN

Volumenvlies auf die linke Seite des Oberstoffs aufbügeln. Futter und Oberstoff rechts auf rechts legen und entlang der Schmalseiten 0,5 cm breit aufeinandersteppen. Die Nähte von einer Schmalseite aus bügeln, dabei schiebt sich der Futterstoff zur anderen Schmalseite 2 cm breit über die Naht hinaus. An dieser Seite die Nahtzugaben auseinanderbügeln und die Tasche wenden.

Vom Karoband 7 cm abschneiden und für die Schlaufe beiseitelegen. Das übrige Band mittig aufeinanderfalten und mit 2,5 cm Abstand zur Bruchkante aufeinandersteppen. Den Bruch auf die Naht drücken, so entsteht eine Schleife; diese in der Mitte durch alle Lagen steppen. Die Schleife entlang der Ansatznaht des Futters auf den Oberstoff legen, darunter das Pomponband schieben, die Pompons zeigen in Richtung des Futters. Karoband und Pomponband auf dem Oberstoff schmalkantig festnähen, dabei die Schlaufen der Schleife nicht mitfassen. Die zweite Karobandseite schmalkantig feststeppen. Die Tasche erneut wenden. Die Längskanten rechts auf rechts 0,5 cm breit aufeinandersteppen, dabei an einer Seite einen 6 cm langen Schlitz zum Wenden offenlassen. Die Tasche wenden und bügeln, den Schlitz mit Handstichen verschließen.

Die Klettbandhälften mit 0,5 cm Abstand zu den Schmalseiten aufsteppen, dabei die Flauschseite auf der Futterstoff- und die Klettseite auf der Oberstoffseite auflegen. Das 7 cm lange Karoband zur Hälfte legen, gleichzeitig den Karabinerring aufschieben. Den Taschenstreifen so links auf links falten, dass die Klappe mit dem Pomponband 4,5 cm übersteht. Das Karoband seitlich mit 3 cm Abstand zur Bruchkante der Klappe zwischen die Taschenteile legen, es ragt 1,5 cm an der Seite hervor. Die Seitenkanten schmalkantig aufeinandersteppen. Die Satinrose von Hand auf der Schleifenmitte festnähen und den Karabiner einhängen.

Material

Tilda Stoffe, 115 cm breit

0,35 m geblümter Baumwollstoff

0,30 m Baumwollstoff mit Ornamenten (Futter)

0,10 m Volumenvlies H 640

4 cm Klettband

0,25 m Karoband

10 cm Pomponband klein, farblich passend

kleines Satinröschen in Blau

1 Taschenkarabiner

Allesnäher in passender Farbe

Zuschneiden

(für Handy ca. 10,5 x 5,5 x 1,0 cm, evtl. Zuschnitt anpassen)

28 x 9 cm Außenseite (geblümt)

32 x 9 cm Futter (Ornament)

Angaben inkl. 0,5 cm Nahtzugabe

Marktkorb mit buntem Innenleben

Material

Baumwollstoffe 150 cm breit von Westfalenstoff

je 0,55 m Vichykaro in Rosa beschichtet und Punkte in Grün beschichtet

0,15 m geblümt in Mint-Grün

1,20 m Dekoband Vergissmeinnicht

2,00 m Spitzenband in Grün

1,00 m aufbügelbares Volumenvlies H 630, 90 cm breit

Schnittpapier

Allesnäher in passenden Farben

Zuschneiden
zzgl. 1 cm Nahtzugabe

Schnitt erstellen nach der Anleitung

Korbeinlage je 1 x aus Vichykaro und Punktestoff, 2 x aus Volumenvlies

Bindebänder 4 x geblümt je 44 x 4 cm

Ein Bummel auf dem Markt lockt mit Gartenblumen und Gemüse der Saison. Der Korb nimmt alles auf aber nichts übel, denn das Innenleben ist abwaschbar.

SCHNITT ERSTELLEN

Legen Sie ein Stück Schnittpapier in den Korb und falten Sie die 4 Korbecken im Papier in nach unten spitz zulaufende Falten. Mit einem Stift die Falten markieren, außerdem den oberen Korbrand nachzeichnen (Foto 1). Das Papier herausnehmen, die Falten heraus- und den Korbrand wegschneiden (Foto 2). Ausprobieren, ob der Zuschnitt passt und evtl. symmetrisch korrigieren.

NÄHEN

Einlage auf alle Teile aufbügeln. Für die Bindebänder die Längskanten 1 cm breit auf die linke Seite bügeln, anschließend die Bruchkanten bündig links auf links falten und bügeln. Knappkantig aufeinanderteppen und jedes Band halbieren. Die Spitzenborte mit je 7 cm Länge um jeweils ein Bindebandende legen, die Enden der Borte 0,5 cm einschlagen. Die Borte schmalkantig auf dem Bandende feststeppen. Alle 8 Bänder mit der Borte arbeiten.

Die Korbeinlage aus Oberstoff und Futter entlang der seitlichen Faltenausschnitte rechts auf rechts legen und die Nähte steppen. Die Nahtzugaben zurückschneiden, zum Ende hin einschneiden und auseinanderbügeln. Den Oberstoff in den Korb legen und die Lage der Bindebänder anzeichnen. Je zwei Bindebänder mit der Schnittkante bündig rechts auf rechts auf die Markierungen der oberen Kante stecken. Entlang der oberen Kante die Spitzenborte rechts auf rechts stecken.

Das Futter rechts auf rechts auf den Oberstoff stecken, dabei liegen alle Faltennähte übereinander. Die Naht rundum 1 cm breit steppen und gleichzeitig Borte und Bindebänder mitfassen, dabei einen 15 cm langen Schlitz zum Wenden offenlassen. Die Korbeinlage wenden und bügeln, den Schlitz schließen. Parallel zur Naht mit 2,5 cm Abstand rundum auf dem Futter eine Linie markieren, darüber das Dekoband Vergissmeinnicht beidseitig knappkantig aufsteppen. Die Einlage in den Korb legen und mit den Bindebändern befestigen.

Material

Baumwollstoffe in 140 cm Breite von Westfalenstoff

je 0,30 m Punkte in Rosa beschichtet und kleine Blumen in Grün

0,25 m Vichykaro in Grün beschichtet

0,20 m Blumen in Rosa-Weiß

0,70 m Schrägband Vichykaro in Grün

0,15 m Schrägband Punkte in Rosa

2,30 m Wellenband in Grün

0,30 m aufbügelbares Volumenvlies H 630, 90 cm breit

0,30 m fixierbare Gewebeeinlage G 700, 90 cm breit

Allesnäher in passender Farbe

Zuschneiden

Schürze 55 x 28 cm, aus Punkte rosa und Volumenvlies

Gartenzaun-Tasche 55 x 23 cm, aus Vichykaro und Volumenvlies

Tasche groß 27 x 15 cm, Punkte rosa

Tasche klein 17 x 10 cm, Blumen in Grün

Bindegürtel 227 x 8 cm, Blumen rosa und Gewebeeinlage

Futter 55 x 28 cm (Schürze) und 55 x 23 cm (Gartenzauntasche), Blumen in Grün

Gartenschürze im Vintage-Stil

Mit vielen liebevollen Details ausgestattet wird die durchaus praktische Schürze zum modischen Trendaccessoire.

Schürze

Die kleine und große Tasche jeweils quer rechts auf rechts falten und die Seitennaht füßchenbreit zusammennähen. Die oberen und unteren Kanten offenlassen, die Taschen wenden und die Nähte bügeln. Obere Kanten mit Schrägband einfassen: die große Tasche in Grün, die kleine in Rosa (s. S. 57). Das Schrägband an beiden Enden unversäubert jeweils 1,5 cm überstehen lassen.

Für die Gartenzauntasche Oberstoff und Futter rechts auf rechts aufeinanderlegen und die Vorlage bündig entlang einer Längskante und der kurzen Kanten feststecken. Die Zackenlinie auf den Stoff übertragen. Oberstoff und Futter mit Stecknadeln fixieren, entlang der Zackenlinie steppen, dabei an den Innen- und Außenecken die Stichlänge auf 1,5 mm verkürzen. Nahtzugaben auf 3 mm zurückschneiden, an den Außenecken die Zugaben quer weg-, an Innenecken senkrecht einschneiden (s. S. 48). Die Tasche wenden, die Zacken formen und bügeln. Tasche zwischen den Zacken im Abstand von ca. 2,5 cm senkrecht absteppen.

Die große Tasche etwa 10 cm vom linken Rand bündig mit der unteren Schnittkante auf der Gartenzauntasche platzieren. Die seitlichen Kanten schmalkantig aufsteppen. Die kleine Tasche 3 cm überlappend und bündig mit der unteren Schnittkante auf der großen Tasche knappkantig aufsteppen.

Das Bindeband der Länge nach rechts auf rechts zur Hälfte falten, Schmalseiten füßchenbreit aufeinandernähen. Die Zugaben zurückschneiden, wenden und bügeln, die Längskanten unversäubert lassen.

Die Gartenzauntasche bündig auf die Schürze entlang der unteren Schnittkante aufstecken und senkrechte Taschen in unregelmäßigen Abständen absteppen (zwischen den aufgesetzten Taschen und entlang der „Zaunlatten"). Die Schürze an den unteren Ecken abrunden, die seitlichen und die untere Kante mit Schrägband in Grün einfassen (s. S. 57). Die obere Schürzenkante 1,5 cm tief zwischen die unversäuberten Kanten des Bindegürtels schieben, dabei liegen Schürze und Bindegürtel mittig aufeinander. Die Kanten des Bindegürtels 1 cm breit aufeinandersteppen, dabei die Schürze mitfassen. Das Wellenband entlang der Steppnaht von rechts aufnähen. 4 Stoffblumen auf der Schürze platzieren und von Hand festnähen.

Stoffblumen im Vintagelook

Die Blütengröße wird durch den Kreisdurchmesser des Zuschnitts bestimmt.

6 Kreise mit z. B. 7 cm Ø aus Stoffresten zuschneiden. Die Kreise links auf links falten, an der Bruchkante den Mittelpunkt markieren. Die 6 Kreishälften mit Mittelpunkt auf Mittelpunkt kreisförmig versetzt übereinanderlegen, bis ein voller Blütenkreis entstanden ist. Die Blütenblätter mittig von Hand festnähen. Die Blütenmitte mit angereihten Bandresten, Knöpfen oder Zierklammern dekorieren.

Eine weitere Möglichkeit, eine Rosette zu nähen, ist mit einem ca. 25 cm langen und 7 cm breiten Stoffstreifen. Diesen zum Ring schließen und links auf links falten. Die Bruchkante einreihen, die Unterfäden fest anziehen und verknoten. Die Mitte mit einem bezogenen Knopf oder einer Zierklammer verzieren.

Krimskrams-Beutel

Material

0,45 m gemusterter Baumwollstoff (evtl. beschichtet), 150 cm breit von Westfalenstoff

0,50 m Vichy-Schrägband

0,50 m Pompon-, Spitzen- oder Karobordüre

0,20 m kariertes Schleifenband

Reißverschluss, 25 cm lang

Allesnäher in passender Farbe

Zuschneiden

Tasche 25 x 40 cm inkl. 1 cm Nahtzugabe

In diesen wunderbaren Beuteln lässt sich vieles unterbringen, ob Kosmetikutensilien fürs Wochenende, Schreibsachen oder Nähzubehör.

Nähen

Fassen Sie die Schmalseiten mit dem Vichy-Schrägband rechts auf links ein (s. S. 59). Bevor Sie das Schrägband auf der rechten Seite feststeppen, schieben Sie Spitze, Pomponband oder ein Band Ihrer Wahl unter die Ansatzlinie. Steppen Sie Schrägband und Spitze schmalkantig fest. Stecken und heften Sie den Reißverschluss unter die Schrägbandkanten, sodass die Zähnchen sichtbar sind (s. S. 62). Steppen Sie den Reißverschluss beidseitig mit dem Reißverschlussfüßchen dicht an den Zähnchen fest.

Legen und stecken Sie die seitlichen Kanten der Tasche rechts auf rechts. Steppen Sie die Seitennähte vom Reißverschluss weg nach unten. Die Nahtzugaben einzeln versäubern und auseinanderbügeln.

Für den Boden klappen Sie die Seitennaht mittig über die Mitte des Taschenbodens, sodass sich am unteren Ende ein gleichseitiges Dreieck bildet. Stecken Sie die Ecke aufeinander. Markieren Sie mit etwa 2–3 cm Abstand zur Spitze eine querliegende Linie (im rechten Winkel zur Seitennaht). Steppen Sie die Naht auf dieser Markierung. Die Nahtzugaben auf 1 cm Breite zurückschneiden und zusammengefasst versäubern. Die zweite Ecke genauso arbeiten, anschließend die Tasche wenden und bügeln. Knoten Sie in den Reißverschlussbügel das Schleifenband mit einem Knoten ein.

Varianten

Diese Tasche können Sie in der Größe und durch das Muster äußerst vielfältig variieren. Auch mit einer Applikation (s. S. 32) verziert behält das Täschchen seinen unverwechselbaren Charme.

Elegante Schleifenkette

Eine außergewöhnliche Kombination – Perlen, Samt und Baumwollstoff – aber gerade deswegen sehr wirkungsvoll, besonders zu schlichten Kleidungsstücken.

Perlenkette anfertigen

Kette

Vom Nylon Coated 4 x je 60 cm mit dem Seitenschneider zuschneiden. An einem Ende alle 4 Stränge nach 5 cm mit einer Quetschperle und der Flachzange fixieren. Auf das kurze Ende je 1 Kalotte und 1 Quetschperle auffädeln, die Quetschperlen in der Kalotte fixieren, evtl. einen Tropfen Klebstoff dazugeben und die Kalotte mit der Flachzange verschließen.

Auf jeden Nylonfaden je 150 Rocailles auffädeln, am Ende alle 4 Stränge zusammen mit einer Quetschperle, dann mit 1 Kalotte und 1 Quetschperle bündig nach der letzten Rocaille (s. Anfang) fixieren. Je ein Verschlussteil in eine Kalotte einhängen und mit der Rosenkranzzange zubiegen.

Schleife

Den Zuschnitt der Schleife quer zur Hälfte rechts auf rechts aufeinanderfalten, rundum 1 cm breit steppen, dabei an der Längskante mittig einen kurzen Wendeschlitz offenlassen. Die Zugaben zurückschneiden, wenden und bügeln.

Die Schleife seitlich auf der Kette platzieren und den Steg mittig fest um die Schleife und alle 4 Kettenstränge wickeln. Die Zugaben einschlagen und auf der Schleifenrückseite übereinandernähen, auf der Vorderseite die Schleife zusammenraffen. Den Knopf mit Stoff beziehen und mittig auf dem Steg annähen.

Material

1 silberfarbener Knebelverschluss

Nylon Coated Draht Ø 0,4 mm in Stahl

Quetschperlen Ø 2 mm silberfarben

Kalotten 3 mm versilbert

4 x 150 Rocailles Perlmutt 6/0 in Flieder

1 Flachzange

Seitenschneider und Rosenkranzzange

Rest Baumwollstoff Blumen in Grau-Beige

0,10 m Ripsband in Lila, 25 mm breit

beziehbarer Knopf Ø 10 mm

Allesnäher in passender Farbe

Zuschneiden

Schleife 10 x 12 cm Baumwollstoff Blumen in Grau-Beige

Ripsband in Lila 8 cm

Etuis für Stifte und Handy

Stoff- und Bänderreste in Verbindung mit Zierstichen in verschiedenen Farben sind die einfachen Zutaten für das elegante Etui und das Handytäschchen.

STIFTE-ETUI

Bügeln Sie die Gewebeeinlage auf die linke Stoffseite des Futters. Legen Sie den rosafarbenen Streifen entlang der Längskante rechts auf rechts auf den Futterzuschnitt und steppen Sie die Naht 1 cm breit. An die zweite rosafarbene Kante den fliederfarbenen Streifen annähen, weiter den grünen und den hellblauen Streifen. Alle Nahtzugaben auseinanderbügeln.

Stecken Sie die Satinbänder und Bordüren an beliebiger Stelle auf die Streifen, entweder auf den Stoff oder so, dass sie die Nähte überdecken. Die Bänder entlang der Kanten in gleicher Farbe mit Maschinenstickgarn schmalkantig aufsteppen.

Legen Sie 14 x 19 cm Stickvlies unter die aneinandergenähten Streifen. Verzieren Sie die Satinbänder mit Zierstichen und Maschinenstickgarn, entweder Ton in Ton oder in einer Kontrastfarbe. Die Zierstiche können auch über die Nähte laufen, wie der Übergang vom hellblauen zum hellgrünen bzw. vom hellgrünen zum fliederfarbenen Streifen.

Sind alle Streifen bestickt, reißen Sie das Tear Away auf der Rückseite ab, die Streifen erneut bügeln. Falten und stecken Sie Futter und Außenteil längs rechts auf rechts und achten Sie darauf, dass die Streifen und Zierstichreihen an der Naht genau aufeinandertreffen. Steppen Sie die offenen drei Kanten 1 cm breit aufeinander, dabei an der Schmalseite der Futtertasche einen 4 cm breiten Schlitz zum Wenden offenlassen. Die Nahtzugaben an den Ecken schräg wegschneiden, bügeln und den Taschenstreifen durch den Schlitz wenden. Die offenen Kanten des Schlitzes mit der Hand oder der Maschine schmalkantig aufeinandersteppen.

Diese Kante nach innen und unten in den genähten Schlauch schieben, sodass das Futter auf der Innenseite der Tasche vollständig verschwindet. Das Täschchen entlang der Kanten formen und bügeln.

HANDYTÄSCHCHEN

Dieses Täschchen ist nach dem gleichen Prinzip wie das Stifte-Etui gearbeitet. Für den Zuschnitt der Streifen messen Sie mit dem Maßband den Umfang des Telefons plus 1,5 cm Einschub plus 2 cm Nahtzugabe. In der Höhe die Länge plus Boden plus 2 cm Nahtzugabe.

Diese Maße als Futtertasche zuschneiden, für die Außenseite die Maße in beliebig viele und breite Streifen unterteilen, dabei immer 1 cm Nahtzugabe an den Ansatzkanten einrechnen.

Material

Größe 6 x 17 cm

Reste von Seiden- oder Baumwollstoffen in Rosa, Hellblau, Flieder und Hellgrün

Satinbänder oder Bordürenreste in passenden Farben, jeweils 14 cm lang

Maschinenstickgarn Rayon 30 oder 40 in passenden Farben

Stickvlies, z. B. Tear Easy

0,15 m aufbügelbare Gewebeeinlage G 700, 90 cm breit

Allesnäher in passender Farbe

Zuschneiden

alle Angaben inkl. 1 cm Nahtzugabe

Rosa: 14 x 5,5 cm

Flieder: 14 x 7 cm

Hellgrün: 14 x 7,5 cm

Hellblau: 14 x 5 cm

Futter und Gewebeeinlage: 14 x 19 cm

Patchworkdecke zum Träumen

Ein wahrer Traum zum Kuscheln ist die gepatchte Decke. Die sanften Farben und Muster bilden einen harmonischen Farbklang.

VORBEREITEN

30 Quadrate je 25 x 25 cm inkl. 0,75 cm Nahtzugabe zuschneiden: Wollfilz 15 x, Picknick 2 x, Engel in Rosa-Grau 2 x, Engel in Grau-Pink 2 x, Engel in Rot-Beige 1 x, Blumen in Rot 1 x, Blumenranke in Rot-Beige 1 x, Streifen in Grau-Beige 1 x, Streifen in Rot-Beige 2 x, Streifen in Grau-Rosa 2 x.

NÄHEN

Alle Filzquadrate mit Stoffapplikationen und verschiedenen Samtbandresten verzieren. Dazu verschiedene Stoffmotive wie Engel, Blumen, Blumenranken oder Blockstreifen aus den einzelnen Stoffen auswählen und mithilfe von Thermofix (s. S. 32) auf die Filzquadrate applizieren. Die Quadrate zur Decke anordnen, 6 Reihen à 5 Quadrate aus Wollfilz und Baumwolle im Wechsel, dabei abwechselnd mit einem Wollfilz- und einem Baumwollquadrat beginnen. Die Quadrate zuerst zu Streifen rechts auf rechts mit 0,75 cm Nahtzugabe aneinandernähen, alle Nähte auseinanderbügeln. Anschließend die Streifen, Reihe für Reihe und rechts auf rechts 0,75 cm breit zu einem Rechteck aneinandernähen. Dabei darauf achten, dass die Nähte der Quadrate bündig aneinanderstoßen. Alle Nähte auseinanderbügeln.

Für die Umrandung je einen Streifen Teil A1 an den kurzen Kanten rechts auf rechts und 0,75 cm breit an die Deckenoberseite nähen. Nahtzugaben 0,5 cm breit zurückschneiden und auseinanderbügeln. Die Streifen A2 ebenso an den Längskanten feststeppen, die Nahtzugaben zurückschneiden und auseinanderbügeln. Das Samtband in Grau über die Ansatznaht der Umrandung stecken, dabei die Ecken als schräge Falten legen (s. S. 59, 2–3). Rundum beidseitig knappkantig aufsteppen.

Teile B1 jeweils rechts auf rechts mit 0,75 cm Nahtzugabe entlang der kurzen Kanten des Unterteils B feststeppen, die Nahtzugaben zurückschneiden und auseinanderbügeln. Streifen B2 auf die Längskanten steppen, die Nahtzugaben zurückschneiden und auseinanderbügeln. Ober- und Unterteil bündig links auf links mit dazwischengelegtem Volumenvlies legen. Volumenvlies von der Mitte ausgehend durch Bügeln fixieren (s. Herstellerhinweis), dabei werden Ober- und Unterteil miteinander verbunden.

Das Ober- und Unterteil mit Sicherheitsnadeln aufeinander fixieren, dabei die Applikationen aussparen. Alle Applikationen knappkantig absteppen, dafür den Transporteur versenken und den Freihandquiltfuß einsetzen. Das Ober- und Unterteil entlang der Quadrate im Nahtschatten (s. S. 55) von Hand quilten. Die Außenkanten gleichmäßig zurückschneiden und mit Teil D einfassen (s. S. 54, Kanten mit Streifen einfassen, Schritte 1–2.)

Material

Größe 171,5 x 150 cm

Baumwollstoff, 140 cm breit von Westfalenstoff

0,50 m Engel in Grau-Pink

je 0,30 m Engel in Rot-Beige, Engel in Rosa-Grau, Picknick in Rot

je 1,30 m Streifen in Grau-Rosa und Blumen in Rot

1,50 m Blumenranke in Rot-Beige

1,00 m Wollfilz in Rosa (z. B. Tilda)

1,70 m beidseitig fixierbares Volumenvlies HH 650, 150 cm breit

6,00 m Samtband in Grau, 15 mm breit

verschiedene Samtbänderreste in Grau und Rosa

1,00 m Thermofix

Allesnäher und Quiltgarn in passenden Farben

Zuschneiden

Blumen in Rot: Umrandung quer A1 2 x je 119 x 17 cm, längs A2 2 x je 173,17 cm

Streifen: Unterteil B 129 x 109 cm Einfassung D Schrägband (stückeln) 670 x 6 cm

Blumen in Rot: Umrandung Unterteil quer B1 2 x je 109 x 22 cm, längs B2 2 x je 171,5 x 22 cm

Volumenvlies 171,5 x 150 cm

Tragbares Sitzkissen

Für die Gartenarbeit, fürs Picknick oder eine kleine Wanderung – das Sitzkissen mit Seitentasche lässt sich bequem wie eine Tasche über die Schulter hängen.

Nähen

Tasche und Futter rechts auf rechts stecken und entlang der Längskanten 1 cm breit steppen. Die Zugaben zurückschneiden, wenden und die Kanten bügeln. Die Tasche mittig links auf rechts auf den Kissenbezug (Vichykaro) stecken und knappkantig entlang einer Längskante aufsteppen, für 4 Taschen den Streifen vierteln und die Taschen senkrecht absteppen.

Das Ripsband vierteln, je zwei Bänder im Abstand von 12 cm mittig auf der rechten Seite eines Verbindungsteiles entlang der Längskanten mit einer Dreifachnaht feststeppen, sodass sich immer zwei Bänder gegenüber liegen. Beide Zuschnitte des Verbindungsteils rechts auf rechts stecken und die Schmalseiten 1 cm breit steppen. Die Nahtzugaben zurückschneiden, wenden und bügeln.

Die Streifen der Tragegriffe rechts auf rechts falten und die Längskante 1 cm breit aufeinandernähen. Zugaben zurückschneiden, Tragegriffe wenden und bügeln. Die Bandenden eines Griffs auf der rechten Seite einer Längskante des Kissenbezugs mittig aufstecken (Abstand zueinander 14 cm) und feststeppen.

Je einen Kissenbezug mit Blumen und Vichykaro rechts auf rechts legen, dabei das Verbindungsteil an den gegenüberliegenden Kanten der Griffe mittig dazwischenlegen. Die Ripsbänder zeigen dabei zur unbeschichteten Stoffseite (Blumenstoff). Die Naht rundum steppen, dabei an einer kurzen Kante 15 cm zum Wenden offenlassen. Alle 4 Ecken abnähen: Die Nahtzugaben der Ecken aufeinanderfalten, so entsteht eine Spitze. 2 cm entlang der Naht von der Spitze weg messen, an diesem Punkt im rechten Winkel eine Linie markieren. Auf dieser Linie steppen, die Nahtzugabe 0,5 cm breit zurückschneiden. Kissenbezug wenden und bügeln. Den zweiten Kissenbezug genauso nähen, so werden beide Kissenbezüge durch das Verbindungsteil miteinander verbunden.

Schaumstoffkissen in die Bezüge stecken und Öffnung zunähen.

Material

Baumwollstoffe in 140 cm Breite von Westfalenstoff

je 0,50 m Blumen in Mint-Bunt und Vichykaro grün beschichtet

0,15 m Punkte in Grün beschichtet

2 Schaumstoffteile je 40 x 20 x 4 cm

1,00 m Ripsband in Grün

Allesnäher in passender Farbe

Zuschneiden

Kissenbezug Blumen in Mint-Bunt und Vichykaro grün besch., 2 x je 46 x 26 cm

Tasche in Vichykaro und Futter in Blumen Mint-Bunt je 46 x 12 cm

Verbindungsteil 2 x je 32 x 6 cm

Tragegriff 2 x je 36 x 8 cm

Picknick-Accessoires

Zum Picknick im Grünen stecken Sie das Besteck in die rollbare Hülle, so besteht keine Gefahr, dass Teile unterwegs verlorengehen.

BESTECKTASCHE

Legen Sie das Volumenvlies zwischen die Rück- und Vorderseite, die links auf links liegen, ebenso zwischen die beiden Taschenzuschnitte. Das Volumenvlies in einem Arbeitsgang durch Bügeln beidseitig fixieren. Schneiden Sie vom Schrägband 62 cm ab, bügeln Sie es längs zur Hälfte und fassen Sie eine Längskante der Bestecktasche damit ein (s. S. 57).

Stecken Sie das Taschenteil bündig mit den Schnittkanten der unteren Kante auf die karierte Innenseite. Steppen Sie die Außenkanten rundum schmalkantig aufeinander, dabei das Taschenteil mitfassen. Fassen Sie die äußeren Kanten der Bestecktasche mit Schrägband ein (s. S. 57), dabei die Ecken in Falten legen (s. S. 59). Beginnen Sie mit dem Schrägband in der Mitte einer Seitenkante, das Ende des Bandes mit 1 cm Zugabe abschneiden, einschlagen und über dem Anfang feststeppen.

Die Fächer der Bestecktasche mit 5 cm Abstand in 12 Felder einteilen und senkrecht absteppen. Das Streifenband zur Hälfte falten, den Bruch an der Seitenkante der Bestecktasche über dem Ende des Schrägbandes aufsteppen. Die Bestecktasche zusammenrollen, mit dem Band umwickeln und mit einer Schleife schließen.

FLASCHENHÜLLE

Den karierten Taschenstreifen längs links auf links bügeln. Je 32 cm Dekoband und Zackenlitze schmalkantig aufeinandersteppen, sodass die Zacken von einer Seite sichtbar sind. Von rechts beidseitig schmalkantig auf die Bruchkante des Taschenstreifens aufsteppen. Stecken Sie den Taschenstreifen mit den Schnittkanten bündig auf die Schmalseite der Hülle, entlang der Schnittkanten 1 cm breit aufeinandersteppen. Den Taschenstreifen mit 4 senkrechten Steppnähten in Taschen unterteilen.

Die Hülle längs rechts auf rechts legen und die offenen Kanten 1 cm breit aufeinandersteppen, dabei an der Schmalseite ohne Taschen mittig einen 8 cm breiten Schlitz offenlassen. Die Nahtzugaben zurückschneiden, an allen 4 Ecken den Boden arbeiten (s. S. 14, Krimskrams-Beutel, Boden). Die Hülle durch den Schlitz wenden, bügeln und die Seite ohne Tasche nach innen und unten in die Hülle schieben. Die Hülle liegt nun doppelt. Den oberen Bruch bügeln, von innen Zackenlitze aufsteppen. Das übrige Band in der Naht mittig feststeppen, die Hülle damit zubinden.

Material Bestecktasche

Baumwollstoffe in 140 cm Breite von Westfalenstoff

je 0,30 m Punkte in Hellblau-Weiß beschichtet und Karostoff hellblau-weiß

0,20 m Streifenstoff in Rot-Weiß

3,00 m fertiges Schrägband Punkte in Weiß-Rot

1,10 m Litze in Rot-Weiß gestreift

0,30 m doppelseitig aufbügelbares Volumenvlies HH 650

Allesnäher in passenden Farben

Zuschneiden

Innen- und Außenseite je 27 x 62 cm aus Punkte-, Karostoff und Volumenvlies

Tasche 2 x je 62 x 17 cm rot-weiß gestreift, 1 x aus Volumenvlies

Material Flaschenhülle

Baumwollstoff in 140 cm Breite von Westfalenstoff

0,40 cm Baumwollstoff rotgemustert, 140 cm breit

0,25 m Karostoff in Rot-Weiß, 90 cm breit

0,70 m Zackenlitze in Gelbgrün

1,00 m Dekoband in Rot-Rosa

Allesnäher in passender Farbe

Zuschneiden

Hülle rot-gemustert 74 x 32 cm

Tasche kariert 32 x 22 cm

Frische Sommerhandtücher

Material

je 0,60 m Blümchenstoff in Weiß-Grün bzw. Karostoff in Rot-Weiß

0,30 m Punktestoff in Rot-Weiß bzw. Streifenstoff in Hellgrün

je 10 cm Streifenband in Rot-Weiß und Grün-Weiß

0,30 m Thermofix, 90 cm breit

Allesnäher und Maschinenstickgarn in passenden Farben

Zuschneiden

Handtuch je 46 x 56 cm

Kirsche und Erdbeere bedeuten Sommer pur; auf Küchenhandtücher appliziert, holen sie die Sonne und echtes Sommerfeeling ins Haus.

NÄHEN

Bügeln Sie die Kanten der Geschirrtücher zweimal rundum je 1 cm auf die linke Seite und steppen Sie die Saumkanten schmalkantig fest. An eine Querkante das passende Streifenband als Aufhänger aufnähen, dafür die Enden zweimal je 0,5 cm breit einschlagen und schmalkantig feststeppen.

APPLIZIEREN

Vergrößern Sie die Vorlagen in beliebiger Größe mit dem Kopierer (Die Vorlage der Kirsche finden Sie auf S. 34). Zeichnen Sie die Vorlagen auf das Thermofix durch und schneiden Sie die Teile mit grobem Umriss aus. Bügeln Sie die Zuschnitte auf die Rückseiten der gewünschten Stoffe für die Kirsche und Erdbeere, dafür beim Bügeln das Thermofix mit Backpapier abdecken. Die Teile entlang der aufgezeichneten Konturen ausschneiden und auf den Handtüchern platzieren. Liegt alles richtig, die Applikationen mit dem Bügeleisen aufbügeln. Steppen Sie alle Teile schmalkantig mit kontrastfarbenem Maschinenstickgarn, evtl. im 3-fach-Geradstich, auf. Alternativ dazu können Sie die Kanten mit einer Satinraupe (Stichlänge 0,3 mm, Stichbreite 2,5 mm) aufsteppen.

Wohnen mit Flair 27

Stoffkörbchen mit Zug

Das runde Stoffkörbchen ist mit Brötchen gefüllt eine Zierde für den Frühstückstisch. Bleibt was übrig, verschließen Sie das Körbchen mit dem Tunnelzug.

VORBEREITEN

Bügeln Sie das Volumenvlies auf die jeweiligen linken Seiten des Ornamentstoffes auf, die Gewebeeinlagen auf die linken Seiten des Streifenstoffes (Futter). Legen Sie die Seitenteilstreifen jeweils rechts auf rechts zum Ring und schließen Sie die Nähte 1 cm breit, die Naht beginnt an der oberen Kante mit 2,5 cm Abstand zur Stoffkante. Beim Streifenfutter gleichzeitig einen 8 cm breiten Schlitz in der Seitennaht zum Wenden offenlassen. Die Nahtzugaben auseinanderbügeln.

NÄHEN

Den jeweiligen Futter- und Oberstoffboden rechts auf rechts auf die entsprechenden Seitenteile stecken und die Nähte rundum 1 cm breit schließen. Die Nahtzugaben zurück- und senkrecht bis kurz vor die Naht einschneiden. Die Nahtzugaben in das Seitenteil bügeln.

Das Futterkörbchen rechts auf rechts in das Oberstoffkörbchen stecken, dabei liegen die Seitennähte genau aufeinander. Die Naht rundum 1 cm breit steppen. Das Körbchen durch den Schlitz wenden und die obere Kante bügeln. Den Schlitz mit Handstichen schließen.

Für den Tunnelzug mit 2 cm Abstand parallel zur oberen Kante eine Naht steppen. Das Pomponband schmalkantig auf der Futterseite am oberen Rand aufsteppen, sodass die Pompons oben überstehen. Das Karoband mit einer Sicherheitsnadel in den Tunnel einziehen und zur Schleife binden. Die obere Kante des Körbchens 7 cm breit nach außen schlagen.

Material

je 0,30 m Baumwollstoff Ornament in Hellgrün und Streifen in Mint (Tilda)

je 0,30 m aufbügelbare Gewebeeinlage G 700 und aufbügelbares Volumenvlies H 630, 90 cm breit

0,60 m Pomponband Mini in Mint

1,00 m Vichykaro-Band in Türkis, 1,5 cm breit

Allesnäher in passender Farbe

Zuschneiden

Seitenteil 60 x 24 cm je 1 x aus Ornament, Streifen, Volumenvlies und Gewebeeinlage

Boden mit 21 cm Ø je 1 x aus Ornament, Streifen, Gewebeeinlage und Volumenvlies

alle Angaben inkl. 1 cm Nahtzugabe

Material

Ringordner

verschiedene Stoffreste aus Baumwolle mit Mustern in Rot-Weiß

0,40 m weiße Baumwolle, 90 cm breit

rote Zackenlitze, verschiedene weiße Baumwollspitzen und -tressen, Satinband

Rest Ultra Solvy

Maschinenstickgarn Rayon 40 in Rot und Weiß

Allesnäher in Rot und Weiß

Zuschneiden

Futter in Weiß entsprechend des Papierschnittteils zzgl. 1 cm Nahtzugabe

Mit 180–200 % vergrößern

Hülle für Rezepteordner

Jedes 08/15-Ringbuch wird mit der Hülle im rot-weißen Patchworkdesign zum attraktiven Rezepteordner, dekoriert mit Litzen- und Spitzenresten.

Vorbereiten

Legen Sie ein Maßband um den geschlossenen Ordner und messen Sie den Umfang, ebenso die Höhe. Zum Umfang addieren Sie noch 25 cm dazu, zur Höhe 3 cm. Schneiden Sie mit diesen Maßen ein Rechteck aus Papier aus. Falten Sie an einer Schmalseite 10 cm um, das ist die Breite der vorderen Einstecklasche. Legen Sie den Papierschnitt von vorne nach hinten um den geschlossenen Ordner und falten Sie den Einschlag auf der Rückseite mit 0,5 cm Zugabe zum Ordner als Einstecklasche um; diese auf 10 cm Breite kürzen. Schieben Sie den Papierschnitt so weit nach unten, bis an der oberen Kante noch 1 cm übersteht. Markieren Sie die Höhe des Ordners an der unteren Papierkante. Markieren Sie außerdem an der oberen Papierkante die Senkrechten des Ordnerrückens. Nehmen Sie den Papierschnitt ab und ziehen Sie darauf die senkrechten Linien des Ordnerrückens und der Laschen sowie die untere Ordnerkante. Zu dieser geben Sie 1 cm dazu und ziehen ebenfalls eine Linie. Den Papierschnitt entlang der Konturen ausschneiden.

Markieren Sie die Platzierung des Etiketts auf der Vorderseite und die senkrechten Blöcke der Patchworkstreifen. Die genaue Einteilung hängt natürlich von der Anzahl und Größe Ihrer Stoffreste ab. Die einzelnen Patchworkblöcke werden anschließend quer in Reihen unterteilt.

Schneiden Sie die Patchworkteile für die einzelnen Reihen aus verschiedenen Stoffen mit 0,5 cm Nahtzugabe zu. Damit die Platzierung stimmt, legen Sie sie nach dem Zuschneiden auf den Papierschnitt, so wissen Sie genau, wo das Teil hingehört.

Vergrößern und übertragen Sie die Stickvorlage für das Etikett auf Ultra Solvy. Stecken Sie das Solvy auf den Zuschnitt für das Etikett und steppen Sie die Linien mit Maschinenstickgarn im Gerad- oder Dreifach-Geradstich nach.

Nähen

Die einzelnen Teile entlang der Kanten rechts auf rechts legen, die Nähte 0,5 cm breit steppen. Die Nahtzugaben zu einer Seite bügeln. Die Streifen entsprechend Ihrer Anordnung zusammenfügen. Sind die Streifen verbunden, steppen Sie Reihe 1 an 2 usw., bis der gesamte Einband fertig ist.

Stecken Sie rund um das Etikett die rote Zackenlitze; die Litze mittig aufsteppen. Nähen Sie über die übrigen Ansatznähte der Patchteile Baumwollspitze, Tresse oder Satinbänder mit rotem oder weißem Maschinenstickgarn auf. Abschließend stecken Sie weißes Baumwollband über beide Quer- und die vordere Kante des Etiketts, dabei deckt das Band die äußeren Litzenzacken ab. Das Band mit Feston- oder Zickzackstich in Rot aufsteppen. Die vierte Kante des Etiketts mit einer schmalen Spitze oder Satinband bedecken und die Kanten schmalkantig steppen.

Das Futter rechts auf rechts auf den Patchworkeinband legen und die senkrechten Kanten 1 cm breit steppen. Die oberen und unteren Kanten bis zu den Ansatzstellen der Laschen aufeinandersteppen; die Nahtzugaben entlang der Nähte zurückschneiden und senkrecht bis knapp vor die Steppnaht einschneiden. Den Bezug wenden. Die Kanten ausformen und bügeln. Die vordere und rückwärtige Einstecklasche entlang der Umbruchlinie rechts auf rechts legen, die oberen und unteren Kanten 1 cm breit aufeinandersteppen. Die Nahtzugaben zurückschneiden und die Laschen wenden. Die Kanten bügeln und den Ordner einstecken.

Shirts mit Pep

Material

T-Shirt, vorgewaschen

Stoffreste, uni oder gemustert, am besten aus Baumwolle, ebenfalls gewaschen

Rest Thermofix

Tear Easy oder Solvy

Allesnäher und Maschinenstickgarn Rayon 40 in passender Farbe

Schlichte Kindershirts werden mit den Lieblingsmotiven der Kleinen schnell aufgepeppt. Das ist selbst für absolute Anfänger überhaupt kein Problem!

APPLIKATION ANFERTIGEN

Vergrößern Sie die Vorlagen mit dem Kopierer mit 200 % oder auf eine beliebige Größe. Die einzelnen Teile des Motivs auf Thermofix durchzeichnen und mit grobem Umriss ausschneiden. Eigene Motive einfach frei Hand aufzeichnen.

Legen Sie das ausgeschnittene Thermofix auf die Rückseiten der Baumwollstoffe, die Sie für die Applikation ausgewählt haben. Decken Sie die Folie komplett mit einem Stück Backpapier, das etwas größer als das Vlies ist, ab. Bügeln und die Motive entlang der aufgezeichneten Konturen ausschneiden.

Nun platzieren Sie alle Teile auf dem Shirt, z.B. die Blätter, den Stiel und den Apfel. Bügeln Sie die Teile wie vorher mit leichtem Druck auf das Shirt auf. Anschließend das gesamte Motiv auf der Rückseite mit Solvy oder Tear Easy unterlegen und die Konturen mit engem Zickzackstich (Stichlänge 0,2 mm, Stichbreite 2,5–4 mm) aufsteppen. Das Solvy können Sie anschließend auswaschen, Tear Easy wird einfach weggerissen.

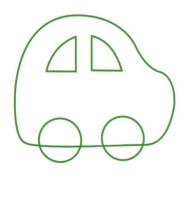

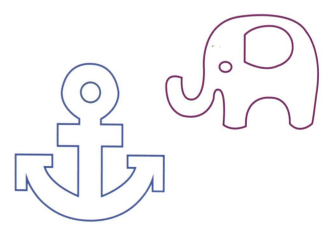

Sommer-Outfit

Punkte, Blümchen, Spitze und Schleifen – das ist, was kleinen Mädchen gefällt. Einfache Schnitte ermöglichen auch ungeübten Mamas einen tollen Näherfolg.

ROCK

Die Längskanten des Bindegürtels längs rechts auf rechts falten, eine Schmalseite und die Längskanten 1 cm breit aufeinandersteppen. Die Nahtzugaben zurück- und an den Ecken schräg wegschneiden. Den Gürtel wenden und bügeln, dabei die Nahtzugaben an der Schmalseite nach innen falten. Den Gürtel rundum schmalkantig absteppen.

Die Saumblende rechts auf rechts zum Ring schließen. Die Nahtzugaben versäubern und auseinanderbügeln. Die Längskanten der Blende versäubern. Bügeln Sie die Saumkante 2 cm breit auf die linke Seite und steppen Sie den Saum von rechts 1,5 cm breit.

Legen Sie die Schmalseiten des Rockteils rechts auf rechts und steppen Sie die Naht 1 cm breit. Die Nahtzugaben versäubern und auseinanderbügeln. Die obere Kante versäubern, 2 cm breit umbügeln und mit 1,5 cm Abstand zur Bruchkante steppen, dabei an der Naht einen 2 cm breiten Schlitz für den Gummieinzug offenlassen. Die Saumkante versäubern und 3 cm breit umbügeln. Die Spitze unter den Saumbruch stecken und schmalkantig rundum aufsteppen. Den Blendenstreifen rechts auf links 3 cm breit unter den Rocksaum schieben, Blendenkante und Saumkante liegen aufeinander. Die Blende unter dem Saum feststecken. Blende und Rocksaum in einem Arbeitsgang von rechts mit 2,5 cm Abstand zur Rocksaumkante feststeppen.

Ziehen Sie den Elastikgummi mit einer Sicherheitsnadel durch den Schlitz in den Rocktunnel ein, die Enden aufeinander feststeppen. Den Gürtel mittig über die Rocknaht stecken und mit einer senkrechten Naht feststeppen.

KOPFTUCH

Schneiden Sie aus einem 45 x 45 cm großen Quadrat entlang der Diagonalen ein Dreieck. Die beiden 45 cm langen Kanten 0,5 cm und noch einmal 1 cm auf die linke Seite bügeln und steppen. Das Schrägband auf der Diagonalen aufsteppen (s. S. 58), die Enden beidseitig zum Binden herabhängen lassen.

Rock
Länge ca. 30 cm

Material

0,70 m pink-weiß gemusterter Baumwollstoff, 140 cm breit

0,10 m blau-weiß gestreifter Baumwollstoff, 140 cm breit

0,90 m weiße Spitze, 2 cm breit

Elastikgummi in Taillenweite plus 4 cm, 1,5 cm breit

Allesnäher in passender Farbe

Zuschneiden
inkl. 1 cm Nahtzugaben

Rock 30 x 90 cm und Bindegürtel 10 x 150 cm aus gemustertem Stoff

Saumblende 10 x 90 cm, blau-weißer Streifenstoff

Kopftuch

0,45 cm Baumwollstoff, 90 cm breit

0,80 m Schrägband

Applikation

Die applizierte Kirsche ist das Tüpfelchen auf dem i, die Anleitung finden Sie auf Seite 32. Vergrößern Sie die Vorlage mit 200 % am Kopierer oder in beliebiger Größe.

Sonnenhut für kleine Ladys

Material
Kopfumfang 60 cm

Tilda-Stoffe, 140 cm breit

je 0,20 m Baumwollstoff Paisley in Mint und Rosen in Mint

Baumwollrest in Rosa-Rot

0,20 m Gewebe-Einlage G 710, 90 cm breit

1,00 m Rosenband in Mint, 1 cm breit

Allesnäher in Weiß

Zuschneiden
Vorlagen siehe Seite 64

Baumwollstoff Rosen und Paisley: Teil A je 6 x, Teil B je 2 x,

Gewebeeinlage: Teil A 12 x, Teil B 4 x

alle Teile zzgl. 1 cm Nahtzugabe zuschneiden

Stoffreste
Ganz im Stil der 70er-Jahre können Sie den Hut aus vielen verschiedenen Stoffresten, die farblich zueinander passen, nähen. Schneiden Sie die Kopf-, Krempen- und Futterteile aus verschiedenen Stoffen zu, die Krempe können Sie zusätzlich noch unterteilen.

Modebewusste junge Damen wissen, was chic ist – und damit ist die Frage, ob mit oder ohne Hut, schnell geklärt.

NÄHEN

Bügeln Sie die Gewebeeinlage auf die linke Seite aller Stoffteile auf. Legen Sie je 2 Kopfteile rechts auf rechts und steppen Sie die Naht entlang einer schrägen Kante 1 cm breit. An der Spitze die Nahtzugabe offenlassen. Alle Teile des Kopfteils aneinandersetzen, ebenso die des Futterteils aus Rosenstoff. Die Nahtzugaben zurück- und senkrecht einschneiden, die Nahtzugaben auseinanderbügeln.

Legen Sie die Teile der Außen- und die Futterkrempe jeweils rechts auf rechts und steppen Sie die Schmalseiten 1 cm breit aufeinander. Die Nahtzugaben auseinanderbügeln. Beide Stoffringe rechts auf rechts stecken und die Außenkanten rundum 1 cm breit aufeinandersteppen. Die Nahtzugaben zurück- und senkrecht einschneiden, die Krempe wenden und die Rundung gut ausformen; die Außenkante entlang der Naht bügeln.

Die Futterkrempe rechts auf rechts auf den Futterhut stecken, die Naht 1 cm breit aufeinandersteppen, die Nahtzugaben auseinanderbügeln. Nähen Sie auch die äußere Hutkrempe und den äußeren Hut 1 cm breit aufeinander, dabei lassen Sie einen 8 cm langen Schlitz zum Wenden offen. Die Nahtzugaben auseinanderbügeln und den Hut durch den Schlitz wenden. Den Futterhut unter den äußeren Hut schieben, die Nähte liegen alle aufeinander; die Krempe neben der Ansatznaht rundum aufeinanderheften.

Legen und stecken Sie das Rosenband über die Krempenansatznaht, beginnen und enden Sie dabei am Schlitz. Steppen Sie das Band beidseitig schmalkantig auf, dabei wird der Schlitz geschlossen. Legen Sie das Band zur Schleife und nähen Sie eine Stoffrose (z. B. S. 13) über der Schleife mit der Hand auf.

Arbeitsplatz

Zuschneiden – Nähen – Bügeln

Diese drei Arbeitsschritte sind die Grundlage beim Nähen. Häufig ist der Traum einer Hobby-Näherin ein fest eingerichteter Platz in der Wohnung, der jederzeit zum Nähen bereit ist. Aus Mangel an Platz sind diese optimalen Voraussetzungen selten vorhanden, aber das ist kein Problem, nähen können Sie auch an dem Platz, den Ihre Wohnung zum Essen oder Arbeiten bietet.

Arbeitstisch

Esstisch oder Schreibtisch bieten eine ideale Größe zum Zuschneiden. Hauptsache, der Tisch steht fest auf dem Boden und hat eine glatte Oberfläche. Sollte er eine kratzempfindliche Oberfläche haben, dann legen Sie eine glatte Abdeckung aus Kunststoff darüber (keine Stofftischdecke). Sind alle Teile zugeschnitten, stellen Sie die Nähmaschine auf den Tisch, fertig ist der Nähplatz. Ganz wichtig ist das Bügelbrett mit Bügeleisen, möglichst in Reichweite. Denn Bügeln ist ein ständiger und wichtiger Arbeitsschritt beim Nähen. Gut ist noch ein Mülleimer neben Ihrem Arbeitsplatz für abgeschnittene Fäden und Stoffreste.

Aufbewahrung

Ganz gleich, ob Scheren, Nähfäden, Nähmaschinenzubehör, Magazine oder Schnittmuster, es sollte irgendwo in Ihrer Wohnung ein Platz dafür sein, so dass alles, wenn Sie Lust und Zeit zum Nähen haben, griffbereit ist. Sicher haben Sie in einem Regal oder Schrank ein Fach, in dem sich die Nähmaschine und die übrigen Utensilien unterbringen lassen.

Im guten alten Nähkästchen können Sie Werkzeuge wie Scheren, Kreide, Maßband und Fäden platzsparend unterbringen. Eine Alternative dazu sind preisgünstige Werkzeug- oder Sortierkästen aus Kunststoff aus dem Baumarkt, die je nach Größe, herausnehmbare Einsätze haben. Darin können Sie Nähfäden, -nadeln und was Sie sonst zum Nähen brauchen gut sortiert aufbewahren.

Schneiderpuppe

Eine Figurine mit Ihren Maßen ist immer zur Anprobe bereit. Sie ist das Nonplusultra einer Schneiderwerkstatt. Mittlerweile sind Schneiderpuppen

Nähmaschine und Bügeleisen

(z. B. Prymadonna von Prym) preisgünstig zu kaufen; Ihre individuellen Maße lassen sich einstellen. Eine Büste dieser Art wirkt auch solo dekorativ, z. B. im Schlafzimmer oder im Flur als Kleiderständer.

Die Nähmaschine

Haben Sie eine Nähmaschine, die schon etwas älter ist, so ist das kein Problem, allerdings sollte sie wirklich gut funktionieren. Lässt sie Stiche aus oder näht unregelmäßig, verlieren Sie schnell die Lust am Nähen und das wäre schade. Zur Abhilfe gibt es 3 Möglichkeiten:

1. Reparatur – aber lassen Sie sich unbedingt einen Kostenvoranschlag machen. Häufig sind Reparaturen gerade älterer Maschinen teurer als die Anschaffung einer neuen.

2. Anschaffung einer neuen Maschine – hier ist eine detaillierte Beratung ganz wichtig. Dazu gehört auch, dass Sie die Maschine im Geschäft ausprobieren können. Überlegen Sie sich, welche Wünsche Sie an eine Nähmaschine haben. Schrecken Sie nicht vor einer computergesteuerten Maschine zurück, diese erleichtert gerade Anfängern das Nähen erheblich. Viele Funktionen und Einstellungen regeln sich auf Knopfdruck, bei einer mechanischen Maschine muss alles einzeln eingestellt muss. Außerdem bietet sie viele Zusatzmöglichkeiten, die den Spaß am Nähen unterstützen.

3. Sie gehen ins Nähstudio oder Nähcafé – dort finden Sie verschiedene Maschinen vor. Probieren Sie aus, womit Sie am besten zurechtkommen und genießen Sie die lockere Atmosphäre unter Gleichgesinnten. Das macht Spaß, nebenbei erhalten Sie den einen oder anderen Tipp. So wissen Sie, welche Maschine für Sie geeignet ist.

Bügeleisen und Bügelbrett

Gut gebügelt ist halb genäht! Diese Schneiderweisheit kann Ihnen jeder Nähprofi bestätigen. Das Bügeleisen sollte beim Nähen immer in Reichweite stehen, denn jede Naht muss nach dem Nähen sofort gebügelt werden. Durch das Bügeln der Naht „verschmilzt" diese mit dem Stoff. Erst danach wenden, versäubern oder bügeln Sie die Nahtzugaben auseinander. Bei den Anleitungen wird das Bügeln jeder Naht nicht explizit erwähnt, da es immer vorausgesetzt wird. Lassen Sie es nicht aus Bequemlichkeit sein, das Endergebnis wird dadurch eindeutig schöner.

Bügeleisen

Dampfbügeleisen haben eine Sprühfunktion. Sie können mit andauerndem Dampf, ohne Dampf oder nur mit einzelnen Dampfstößen bügeln. Viele Dampfbügeleisen können mit Leitungswasser gefüllt werden, aber sicherer ist in jedem Fall destilliertes Wasser.
Für größere Stoffflächen wie ein Vorhang oder eine Tischdecke erleichtern große Bügeleisen das Glätten, beim Nähen ist durchaus auch ein kleineres Bügeleisen (siehe Foto) sehr handlich. Es macht genauso viel Dampf wie ein großes und ist dazu sehr wendig in Ecken und Kurven.

Werkzeuge zum Nähen

Das Bügelbrett

Mit einem stufenlos in der Höhe verstellbaren Bügelbrett können Sie auch im Sitzen bügeln, im Stehen sollte die Bügelfläche in Hüfthöhe liegen. Die Bügelfläche aus Metall ist mit luftdurchlässigen Löchern für den Dampf ausgestattet, sie wird mit einem wasch- und abnehmbaren Bezug abgedeckt. Viele Bügelbretter verfügen über herausklappbare Ärmelbretter. Diese sind schmäler und kürzer als das eigentliche Bügelbrett und Sie können problemlos Hosenbeine oder Ärmel darüberschieben und faltenfrei bügeln.

WERKZEUGE ZUM NÄHEN

Eine kleine, aber solide Grundausstattung ist nötig, damit Sie mit dem Nähen loslegen können. Wichtig ist dabei die Qualität der einzelnen Werkzeuge, allen voran bei den Scheren. Sind Sie Nähanfänger, dann kaufen Sie sich nur die wichtigsten Werkzeuge, ergänzen können Sie später das, was für aktuelle Näharbeiten benötigt wird.

Scheren

Kaufen Sie sich eine gute Stoffschere (1), evtl. mit abgeknickten Schneidebacken, die Ihnen gut in der Hand liegt. Und schneiden Sie niemals etwas anderes als Stoff damit, sonst ist auch die beste Qualität „für die Katz" (siehe Tipp). Eine Bastel- oder Papierschere (2) ist für das Ausschneiden der Schnittteile aus Papier erforderlich. Der Fadenknipser (3) ist nicht unbedingt notwendig, aber sehr hilfreich beim Abschneiden der Fäden direkt nach jeder Naht. Auch die Zackenschere (4) gehört nicht zur unbedingt notwendigen Grundausstattung, sie ersetzt häufig die Zickzacknaht zum Versäubern. Der Rollschneider (5) ist perfekt für Streifen, gerade Kanten oder Patchworkflicken in Verbindung mit Lineal und der Schneideunterlage. Auch der Trennstab oder Pfeiltrenner (6) gehört zu den Scheren, er wird eingesetzt, wenn eine Naht aufgetrennt werden muss oder ein Knopfloch aufgeschnitten wird. Beim Knopfloch gibt es einen Trick, um nicht über das „Ziel" hinauszuschießen: Stecken Sie am Ende des Knopflochschlitzes vor dem Querriegel eine Stecknadel senkrecht ein. Wenn Sie das Knopfloch aufschneiden, kann der Trennstab selbst mit viel Kraft nicht über die Nadel hinaus schneiden.

> ### Stoffschere
> Um eine Stoffschere eindeutig als solche zu kennzeichnen, binden Sie ein Stoffbändchen um die Fingeröse. Erklären Sie jedem Familienmitglied, dass damit nur Stoff geschnitten werden darf. Ist einmal Papier, Karton o. Ä. damit geschnitten, ist die Schere für Stoff wertlos.

Nadeln und Kreide

Nadeln

Steck-, Näh-, Nähmaschinen- und Sicherheitsnadeln sind natürlich ein Muss, auch hier gilt der Qualitätsanspruch. Unwichtig ist, ob Sie kopflose oder Glaskopfstecknadeln bevorzugen. Handnähnadeln von dünn bis mitteldick werden häufiger benötigt, gut ist hier ein Sammelmäppchen mit verschiedenen Größen. Auch Sicherheitsnadeln in verschiedenen Größen gehören zu Ihrer Grundausrüstung. Nähmaschinennadeln gibt es in den Stärken 70–130, am besten, Sie kaufen eine Sortierung mit Universalnadeln in verschiedenen Größen auf Vorrat. Es ist sehr frustrierend, wenn die Nähnadel abgebrochen ist und Sie nicht weiternähen können, weil Ersatz fehlt. Weiter gibt es Spezialnadeln für Jersey, Leder, Stretch, Stickerei uvm. Diese Nadeln sind keineswegs überflüssig, sondern sehr hilfreich beim Nähen der diversen Materialien.

Nähmaschinennadeln

Lässt Ihre Maschine plötzlich Stiche beim Nähen aus? Häufig liegt das nicht an der Maschine, sondern an einer kaputten Nadel. Tauschen Sie die Nadel aus und probieren Sie, ob es funktioniert. Eine kaputte Nadel können Sie auch daran erkennen, wenn Sie sie in eine alte Feinstrumpfhose stechen und es ziehen sich beim Herausziehen Fäden.

Kreide und Kopierrädchen

Nahtlinien und Innenlinien wie z. B. Abnäher markieren Sie mit Kreide, die es in verschiedenen Formen gibt: als Stift, als Block (1) oder loser Kreidepuder (2). Textilmarker, die wie ein Filzstift (3) aussehen, verschwinden nach einiger Zeit, bzw. wenn sie mit Feuchtigkeit in Berührung kommen, z. B. beim Bügeln.
Kopierrädchen dienen zum Übertragen der Schnittteile vom Schnittbogen. Zwischen Schnittbogen und Stoff wird ein Bogen Schneiderkopierpapier gelegt, dabei zeigt die beschichtete Seite zum Stoff. Die Schnittlinien mit dem Rädchen nachfahren, so werden diese auf den Stoff übertragen. Das Kopier- und Kreiderädchen (4) hat eine Doppelfunktion. Hier können Sie bei Bedarf einen Kreidebehälter aufsetzen. Wenn Sie an der Nahtlinie entlangfahren, wird parallel dazu in gewünschtem Abstand die Nahtzugabe auf dem Stoff markiert.

Maßband und Lineal

Ein Maßband mit 150 cm Länge, beidseitig bedruckt und möglichst als Taillenmaßband zum Einhängen gearbeitet, ist eine wichtige Anschaffung. Ergänzt von einem Handmaß und einem Winkelmesser zum Anzeichnen von Ecken sind Sie gut ausgestattet.

Näh-, Zierstich- und Spezialfäden

Dieser besonders hochwertige und gleichmäßige Nähfaden garantiert optimales Nähen ohne Faserflug und Nahtkräuseln mit feinsten Nadeln ab der Stärke NM 60. Durch die hohe Reiß- und Scheuerfestigkeit des Nähfadens entstehen belastbare und haltbare Nähte. Die brillanten Farben mit seidenähnlichem Glanz verleihen der Naht eine hochwertige und elegante Optik.

Der Allesnäher überzeugt durch seine hohe Qualität und die beeindruckende Farbauswahl in verschiedenen Lauflängen.

Um den richtigen Farbton zu finden, wickeln Sie ein kurzes Stück Nähfaden von der Spule und legen dieses auf den Stoff. So sehen Sie, ob die Farbe wirklich optimal passt.

GÜTERMANN CREATIV NÄHFÄDEN

Die Nähfäden sollen mit dem Stoff „verschmelzen", sie können aber auch den Stil und die Wirkung eines Kleidungsstückes oder der Wohndekoration entscheidend betonen und verändern.

Gütermann creativ bietet Ihnen eine große Auswahl von Nähfäden in höchster Qualität. Optimale Vernähbarkeit und eine besonders beeindruckende Farbauswahl ermöglichen Ihnen professionelle Nähergebnisse.

Der Allesnäher

Der Gütermann creativ Allesnäher ist der richtige Nähfaden für alle Stoffe und Nähte. Er eignet sich hervorragend zum Nähen mit der Nähmaschine und von Hand, unabhängig von der Stichart – der Allesnäher wird allen Ansprüchen gerecht.

Der Allesnäher rPET

Der neue Gütermann creativ Allesnäher rPET besteht aus 100 % recyceltem Polyester und bietet nahezu die gleichen Qualitätseigenschaften wie der Allesnäher. Aus einer PET-Flasche entstehen rund 1.000 Meter Nähfaden. Dies schont die Umwelt und spart Ressourcen. Den Allesnäher rPET erhalten Sie derzeit in 50 verschiedenen Farben.

Der Zierstichfaden

Der Gütermann creativ Zierstichfaden ist ein starker Nähfäden für Zierstiche und Steppnähte, dekorative Nähte sowie handgenähte Knopflöcher.

Der Extra Stark

Der Gütermann creativ Extra Stark ist ein besonders reißfester Nähfaden für alle stark beanspruchten

Stabilisatoren

Nähte. Er eignet sich ideal zum Nähen von Jeansstoffen und für robuste Reparaturarbeiten.

Nähfäden zum Versäubern und für die Overlockmaschine

Gütermann creativ bietet für Overlock- und Safetynähte besondere Nähfäden an. Miniking mit 1.000 m Lauflänge für alle Haushalts- und Overlock-Nähmaschinen sowie Tera 180 mit 2.000 m Lauflänge, ein sehr feiner und semitransparenter Nähfaden für alle Overlockarbeiten und Blindstiche sowie zum Pikieren und Staffieren.

Nähfäden aus Seide und Baumwolle

Gütermann creativ bietet eine kompetente Auswahl an Nähfäden aus Seide und Baumwolle für feine Nähte und Zierstiche mit edler Optik an. Die Nähfäden aus 100 % hochwertiger Seide in zwei verschiedenen Stärken, No. 40 und No. 100, haben einen edlen Glanz für besonders wertvolle Nähte. Die Nähfäden aus 100 % ägyptischer Baumwolle sind mercerisiert und glänzen matt. Sie sind in verschiedenen Stärken Ne 40 und 60 sowie in der Hauptstärke Ne 50 erhältlich.

Spezialfäden

Für viele spezielle Anwendungen bietet Gütermann creativ eine besondere Auswahl an Spezialfäden an: Metalleffekt-Faden für funkelnde und glitzernde Effekte, Elasticfaden zum Rüschen, Kräuseln und Smoken, Leinenzwirn für robuste Näharbeiten, Quilting-Faden zum Quilten von Hand, Jeansfaden zum Stopfen von Jeans, Heftfaden zum Heften und Durchschlagen von Stoffen, Transparent-Faden für unsichtbare Nähte.

Maschinenstickfäden

Gütermann SULKY bietet eine große und überzeugende Auswahl an speziellen Maschinenstickfäden. Rayon 40 und Rayon 30 aus 100 % Viskose in brillanten Farben und seidenähnlichem Glanz. Baumwollstickfäden wie Cotton 30 und Cotton 12 für Stickmotive mit Wollcharakter oder für dekorative Nähte sowie zum Quilten mit der Nähmaschine. Besondere Effekte lassen sich mit den verschiedenen Metalleffekt-Fäden wie Metallic, Sliver und Holoshimmer zaubern. Solar, ein Stickfaden der unter UV-Licht seine Farbe ändert oder Glowy, der im Dunkeln leuchtet.

Bobbin

Gütermann SULKY Bobbin ist der Unterfaden in verschiedenen Lauflängen für alle Stickarbeiten, der ein hervorragendes Stickergebnis garantiert.

Stabilisatoren

Stabilisatoren sind Gewebe und Folien, die das Nähen und Sticken mit der Maschine wesentlich unterstützen und vereinfachen. Ein professionelles und hochwertiges Aussehen der Stickmotive ist garantiert.

Stabilisatoren werden nicht nur beim klassischen Maschinensticken verwendet, auch beim Nähen und Quilten sowie bei Patchworkarbeiten und vielen anderen kreativen Techniken sind sie nützliche Helfer.

Stabilisatoren lassen sich in drei wesentliche Gruppen unterteilen: Tear Aways – Stickvliese zum Ausreißen, Cut Aways – Stickvliese zum Abschneiden und Water Solubles – wasserlösliche und auswaschbare Folien.

Basicstiche

Geradstich

Beim Geradstich können Sie entsprechend Ihrer Nähmaschine die Längeneinstellung zwischen 0 und 5–7 mm wählen, die Stichbreite ist immer 0. Bei sehr dünnen Stoffen oder in Ecken oder Rundungen empfiehlt es sich, eine kürzere Stichlänge mit etwa 2 mm zu wählen, eine normale Steppnaht wird mit etwa 3–3,5 mm Länge genäht. Reih- und Heftnähte arbeiten Sie mit längstmöglicher Stichlänge, so lassen sich diese leichter herausziehen.

Gerade Steppnaht

1 Legen Sie das Nähgut unter den Fuß der Nähmaschine. Verbinden Sie zwei Teile miteinander, dann liegen die Stoffe in der Regel rechts auf rechts aufeinander. Nadeln im rechten Winkel zum Nahtverlauf einstechen, bei kniffligen Stellen oder als Anfänger sollten Sie die Teile mit der Hand oder der Maschine zuerst aufeinanderheften.

2 Stechen Sie die Nähnadel durch Drehen des Handrades am Startpunkt der Naht in den Stoff. Senken Sie den Nähfuß. Nähen Sie drei bis vier Stiche vorwärts, dann betätigen Sie die Rückwärtsfunktion bzw. die punktuelle Versäuberungsfunktion der Maschine und nähen auf den vorherigen Stichen zurück; nun die Naht im angezeichneten Nahtverlauf wieder vorwärts steppen. Quer eingesteckte Stecknadeln übersteppen Sie oder ziehen diese kurz vorher heraus.

3 Sichern oder verriegeln Sie die Naht oder Stepplinie am Ende erneut mit einigen Rückstichen wie am Anfang. Sollten Sie nicht genau die Stepplinie treffen, dann achten Sie darauf, dass die Sicherungsstiche auf der Seite der Nahtzugabe liegen.

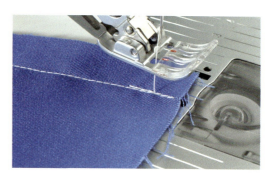

Reihnähte und das Einhalten von Mehrweite

Beim Einreihen wird die Mehrweite einer Stoffkante so weit zusammengeschoben oder gekräuselt, dass die Länge einer kürzeren und einer vielfach längeren Stoffkante passend aufeinanderliegen, z. B. bei Rüschen oder Volants. Beim Einhalten steppen Sie die Reihnähte in einer auf dem Schnitt angegebenen Länge der Naht und schieben die Mehrweite ohne Fältchen zusammen, das ist häufig bei Rundungen wie der Armkugel der Fall.

1 Die Reihnähte werden immer doppelt auf der Nahtzugabe genäht, beim Einhalten genügt auch eine einzelne Reihnaht. Steppen Sie mit der längstmöglichen Stichlänge, häufig sind das 4 oder 5 mm, mit 1 mm Abstand neben der Nahtlinie. Den Anfangs- und Endfaden nicht sichern und beide etwa

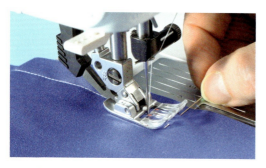

Geradstich

15 cm lang herabhängen lassen. Die zweite Naht wird mit 5–6 mm Abstand parallel neben der ersten in Richtung Stoffkante ebenso ausgeführt, auch hier die Anfangs- und Endfäden herabhängen lassen.

2 Verknoten Sie nun zwei nebeneinander liegende Unterfäden am Anfang oder Ende der Reihnaht, der Knoten sitzt dicht am ersten Stich. Ziehen Sie die beiden Unterfäden am anderen Ende der Reihnähte gleichmäßig an, dabei schiebt sich die Stoffweite zusammen. Eventuell müssen Sie den Stoff beim Anziehen der Fäden zusammenschieben. Ist die gewünschte Länge der gekräuselten Kante erreicht, stecken Sie eine Nadel rechtwinklig in das Ende der Reihnaht und wickeln die zwei Unterfäden mehrmals wie eine „8" um die Nadel. Verteilen Sie die Mehrweite gleichmäßig auf die gesamte Länge. Beim Zusammennähen der kürzeren mit der gekräu-

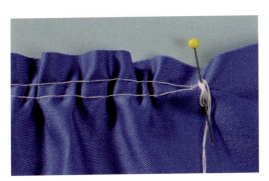

selten Stoffkante liegt die gekräuselte immer oben. Achten Sie darauf, dass die herabhängenden Fältchen auf der linken Seite gleichmäßig und rechtwinklig von der Naht abstehen.

Ziersteppnaht

Werden Nähte von rechts abgesteppt, so können Sie diese „schmalkantig", „füßchenbreit", ein- oder beidseitig ausführen. Füßchenbreit bedeutet, die rechte oder linke Kante des Füßchens läuft entlang der Nahtrille, die Nadelposition ist mittig. Mit dieser Stellung erhalten Sie eine 0,5 cm breite Steppnaht. Wenn Sie die Nadelposition nach links oder rechts verschieben, wird der Abstand der Ziersteppnaht entsprechend schmäler oder breiter. Für beidseitig oder auseinander gesteppte Nähte lassen Sie einmal die linke und einmal die rechte Füßchenkante entlang der Nahtrille laufen.

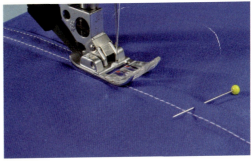

Heftnaht

Mit der größten Stichlänge Ihrer Nähmaschine steppen Sie eine Heftnaht, manche Nähmaschinen verfügen auch über einen speziellen Heftstich. Die Heftnaht liegt in der Regel knapp neben der Nahtlinie; so lassen sich die Fäden nach dem Nähen der Naht leichter herausziehen.

Basisstiche

ZICKZACKSTICH

Beim Zickzackstich wird die Stichlänge und die Stichbreite eingestellt, die Grundeinstellung zum Versäubern ist z. B. Stichbreite 2–3 mm und Stichlänge 3–4 mm, beim Knopfloch Stichbreite 2–3 mm und Stichlänge 0,25–0,4 mm. Beachten Sie, dass die Kanten immer erst nach dem Zusammennähen versäubert werden. So wird gewährleistet, dass sich die Teile vor dem Zusammennähen nicht verziehen. Nur in Ausnahmefällen werden Schnittteile vor dem Zusammennähen versäubert, den Hinweis dazu finden Sie in der Nähanleitung.

Kanten versäubern

1 Die gängige Einstellung für den Zickzackstich ist in der Breite 2,5 mm und in der Länge 3 mm. Verarbeiten Sie einen dickeren Stoff, dann sollten Sie den Stich verbreitern, bei einem dünneren Stoff die Länge und Breite verkürzen. Legen Sie die Stoffkante so unter das Füßchen, dass sie an die rechte innere Kante des Füßchens stößt. Achten Sie beim Nähen darauf, dass der Stich in voller Breite auf dem Stoff liegt, denn sonst wickelt er den Stoff an der Kante ein.

2 Ist in der Nähanleitung „Nahtzugaben zusammengefasst versäubern" angegeben, dann schneiden Sie die Kanten der Nahtzugaben nach dem Steppen der Naht auf 0,5 bis 0,7 cm Breite zurück und legen diese unter das Füßchen. Auch hier stoßen beide Stoffkanten an der rechten Innenseite des Füßchens knapp an.

Zickzackraupe bei Applikationen

Außenkanten an Applikationen werden mit einer Zickzack- oder Satinraupe fixiert. Besonders glänzend wird die Raupe mit Maschinenstickgarn Rayon 40 (s. S. 42). Die Sticheinstellung ist 0,25 mm (Stichlänge) und 2–4 mm (Stichbreite). Die Mitte des Füßchens läuft beim Nähen genau über die Kante des Stoffes, so liegt der Stich in gleicher Breite beidseitig der Stoffkante.

Zickzackstich

Knopflöcher

Auch dafür wird der Zickzackstich mit kurzer Stichlänge eingesetzt. Setzen Sie das Knopflochfüßchen Ihrer Maschine ein und wählen Sie das Knopfloch aus der Nutzstichauswahl aus. Bei einer mechanischen Nähmaschine wird das Knopfloch in vier Schritten, 1. der linken Raupe, 2. dem vorderen Riegel, 3. der rechten Raupe und 4. dem hinteren Riegel gearbeitet. Diese Schritte müssen Sie einzeln nacheinander wählen. Haben Sie eine computergesteuerte Nähmaschine, ist das Ganze noch viel einfacher, denn Sie können die Knopflochlänge entweder eintippen oder einen Knopf als Maß in das Füßchen einlegen. Dann wählen Sie das Knopfloch mit der Stichwahltaste aus und die Maschine näht in einem Durchgang das Knopfloch.

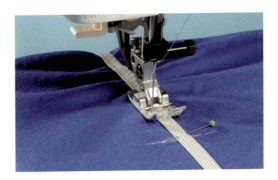

Elastikband annähen

Teilen Sie die Weite an der Stoffkante in mehrere, gleich große Abstände. Unterteilen Sie das Elastikband in ebenso viele Abstände und stecken Sie die Markierungen am Elastikband und der Stoffkante übereinander. Stellen Sie an der Maschine den Zickzackstich ein und steppen Sie von der linken Seite das Elastikband fest. Dabei ziehen Sie das Elastikband zwischen den Markierungen so weit auseinander, dass der Stoff darunter flach und ohne Fältchen liegt. Noch einfacher geht das Aufnähen von Elastikgummi mit einem speziellen Füßchen, in das das Band einfach eingefädelt wird.

Nähte für dehnbare Stoffe

Haben Sie keinen speziellen Elastikstich an Ihrer Maschine, können Sie für die Nähte auch den Zickzackstich verwenden, besonders unauffällig ist dieser bei Strick- und Rippenjerseystoffen. Er wird für dehnbare Stoffe schmal eingestellt, Stichlänge 2,5–3 mm und Stichbreite 0,5 mm. Da Jerseystoffe etwas dicker als Webstoffe sind, fällt die Stichbreite beim Bügeln der Naht nicht so sehr ins Gewicht.

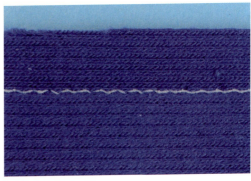

Nähte

Naht an einer Aussenecke

1 Legen Sie den Stoff rechts auf rechts aufeinander, stecken und heften Sie die Nahtlinie. Steppen Sie die Naht mit Sicherungsstichen bis etwa 2,5 cm vor den Eckpunkt. Zur Verstärkung der Ecke stellen Sie die Stichlänge auf 1,5 mm und nähen bis zum Eckpunkt. Senken Sie die Nadelspitze mit dem Handrad in den Stoff, heben Sie den Nähfuß und drehen Sie das Nähgut im entsprechenden Winkel. Anschließend den Nähfuß senken, die Naht wie vorher 1,5 cm mit kürzerer Stichlänge fortsetzen. Danach erneut die normale Stichlänge einstellen.

2 Um nach dem Wenden des Nähstücks eine schöne Ecke zu erhalten, schneiden Sie die Nahtzugabe im 45-Grad-Winkel bis etwa 2 mm vor der Ecke weg. Nun die Naht bügeln und den Stoff wenden. Die Ecke gut ausformen und erneut bügeln.

Naht an einer Innenecke

1 Den Stoff aufeinanderlegen, stecken und heften. Steppen Sie die Naht bis ca. 2,5 cm vor dem Eckpunkt mit normaler Stichlänge, dann die Länge auf 1,5 mm verringern. Bis in die Ecke steppen und die Nadel mit dem Handrad in den Eckpunkt senken. Den Nähfuß heben und das Nähgut drehen. Nun senken Sie den Fuß wieder und steppen 2,5 cm mit kurzer, dann mit normaler Stichlänge weiter.

2 Vor dem Wenden der Naht schneiden Sie den Stoff in der Ecke bis ca. 2 mm vor die Naht zackig ein, bei dünnen Stoffen genügt auch ein Einschnitt. Damit Sie die Naht nicht zerschneiden, ist es hilfreich, quer vor der Ecke eine Stecknadel einzustecken.

Eine Innen- an eine Außenecke nähen

Diese Technik wird häufig bei Wohndekos, wie z. B. bei Tischsets mit Stehsaum, Servietten oder Vorhängen, angewendet.

Ecken und Rundungen

1 Sichern Sie die Stoffkante der Innenecke mit jeweils 2,5 cm Naht vor und nach der Ecke mit Stichlänge 1,5 mm. Diese Sicherungsnaht sollte 1 mm neben der Nahtlinie auf der Nahtzugabe liegen. Nun schneiden Sie die Ecke, wie bei Schritt 2 (Naht an einer Innenecke) beschrieben, unter Zuhilfenahme einer quer eingesteckten Stecknadel ein.

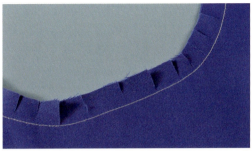

2 Legen Sie die Stoffkanten der Innenecke rechts auf rechts auf die Kanten der Außenecke. Die Innenecke biegen Sie am Einschnitt auf. Steppen Sie die Naht bis zur Ecke, drehen Sie das Nähgut mit gehobenem Nähfuß und eingestochener Nadel um die Ecke. Gleichzeitig schieben Sie den Stoff der oben liegenden Innenecke hinter die Nadel, bevor Sie den Nähfuß herabsenken. Achten Sie vor dem Weiternähen darauf, dass sich vor der Nadel keine Stofffältchen bilden.

Eine Innen- an eine Außenrundung nähen

Steppen Sie 2 mm außerhalb der Nahtlinie auf der Nahtzugabe der Innenrundung eine Sicherungsnaht mit 1,5 mm Stichlänge. Schneiden Sie die Nahtzugaben senkrecht bis 2 mm vor die Nahtlinie ein. Nun stecken Sie die Innenrundung auf die Außenrundung, dabei unbedingt die Passzeichen beachten. Heften Sie die Stoffteile aufeinander. Steppen Sie die Naht, dabei liegt die Innenrundung oben. Nähen Sie etwa 2 cm, senken Sie die Nadel in den Stoff und schieben Sie die Mehrweite des Stoffes auf der linken Seite hinter die Nadel, sodass sich keine Fältchen vor der Nadel bilden.

Die französische Naht

Diese Naht ist für dünne und transparente Stoffe geeignet, Sie benötigen 1,5 cm Nahtzugabe. Legen Sie die Stoffteile links auf links aufeinander, stecken und heften Sie die Kanten. Die Naht 1 cm breit steppen, anschließend die Nahtzugaben zusammengefasst auf 3 mm Breite gleichmäßig zurückschneiden. Die Nahtzugaben auseinanderbügeln. Die Stoffseiten entlang der Naht rechts auf rechts legen, die Naht bildet die Bruchkante. 5 mm neben dem Bruch eine Naht steppen, so werden die Zugaben eingeschlossen.

Sichtbare Säume

Der Saum ist meistens der letzte Arbeitsschritt an einem selbst genähten Stück, ganz gleich, ob bei Bekleidung oder Wohnaccessoires. Je nachdem, ob der Saum betont oder möglichst unsichtbar sein soll, gibt es dafür verschiedene Möglichkeiten der Verarbeitung.

SICHTBARE SÄUME

Diese Säume werden zur Kantenbetonung häufig in einer Kontrastfarbe gesteppt. Das bedeutet, dass die Saumnaht exakt parallel zur Bruchkante verlaufen sollte. Am besten, Sie zeichnen sich den Nahtverlauf mit Kreide an, so kann nichts schief gehen.

Gesteppter Saum

1 Falten Sie die Stoffkante zunächst 1 cm um und bügeln Sie die Kante. Nun falten Sie den Stoff entlang der markierten Saumlinie auf die linke Seite und fixieren den Saum mit Stecknadeln. Den Bruch bügeln. Steppen Sie den Saum rundherum von der rechten Stoffseite ab. Damit der Verlauf der Stepplinie absolut parallel ist, nehmen Sie die Markierungslinien auf der Stichplatte Ihrer Nähmaschine neben dem Nähfuß zu Hilfe. Ist Ihnen das zu ungenau, können Sie die Stepplinie mit Kreide oder Textilmarkierstift und Maßband markieren.

2 Ist die Saumzugabe sehr schmal, versäubern Sie die Stoffkante mit Zickzackstich oder der Zackenschere. Bügeln Sie den Saum mindestens 0,75 cm breit um und steppen Sie ihn zum Bruch hin mindestens füßchenbreit fest.

NICHT SICHTBARE SÄUME

Mit der Maschine genähte Säume sind je nach Stoffart nahezu unsichtbar. Versäubern Sie zuerst die Schnittkante des Saumes.

Hohler Saumstich oder Blindsaumstich

1 Bügeln Sie den Saum auf die linke Seite. Wenden Sie das Nähgut auf die linke Seite. Fassen Sie die Bruchkante des Saums mit einer Hand und klappen Sie sie unter die rechte Stoffseite. Die versäuberte Schnittkante sollte noch 0,5 bis 0,8 cm breit neben dem neu entstandenen Bruch hervorschauen. Stecken Sie den Saum entlang der Bruchkante mit Stecknadeln fest, eventuell auch heften (s. Tipp Maschinen-Hohlsaum, S. 51).

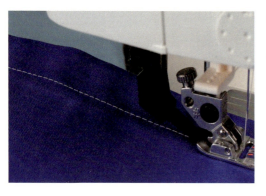

Nicht sichtbare Säume

2 Stellen Sie das Füßchen auf die linke Stoffseite, sodass die Einkerbung in der Mitte des Füßchens genau entlang des umgeklappten Bruches läuft. Beim Nähen mit dem Saumstich arbeitet die Maschine auf der überstehenden Saumzugabe mehrere Geradstiche und zum Bruch hin einen einzelnen Zickzackstich, der nur wenige Stofffäden des Oberstoffes entlang der Bruchkante aufnimmt.

Maschinen-Hohlsaum

Auch wenn Sie bisher Säume immer mit der Hand genäht haben, probieren Sie doch mal den Maschinen-Hohlsaumstich aus. Erscheint Ihnen anfangs die Faltung vielleicht kompliziert, wird sicherlich nach einiger Zeit der maschinengenähte Hohlsaumstich Ihr Favorit, da sich damit der Saum im Handumdrehen nähen lässt und er auch noch perfekt gearbeitet wird.

Damit Ihnen die Faltung leicht von der Hand geht, sehen Sie sie hier als vereinfachtes Schema, das Sie auf jeden Saum übertragen können.

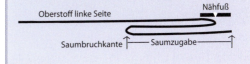

Geklebter Saum

Der mit Saumfix geklebte Saum ist sehr haltbar und löst sich auch bei häufigem Waschen nicht ab. Damit Sie den Stoff beim Bügeln nicht beschädigen,

machen Sie auf jeden Fall mit einem Stoffrest eine Bügelprobe. Für transparente Stoffe ist der geklebte Saum leider nicht geeignet, da der Klebstoff bei dünnen Stoffen durch den Stoff dringt, das Bügeleisen verklebt und glänzende Stellen auf dem Stoff hinterlässt.

Versäubern Sie die Stoffkante und bügeln Sie den Saum entlang der Saumlinie auf die linke Seite. Legen Sie das Saumfix unter die Saumzugabe. Achten Sie darauf, dass es nicht an der Oberkante des Saums herausschaut, da es die Bügelsohle beim Bügeln verkleben würde. Es sollte aber möglichst mit der Schnittkante abschließen, sonst steht diese ab. Wenn alles richtig liegt, müssen Sie jetzt nur noch mit der dem Material entsprechenden Temperatur bügeln.

Verstürzte Säume

Verstürzter Saum

Diese Methode der Saumverarbeitung wird bevorzugt an Hemd- oder Jackenkanten und Vorhängen oder Hussen verwendet. Es ist eine sehr einfache und saubere Art, Säume in Ecken zu verarbeiten.

1 Versäubern Sie die senkrecht und waagerecht verlaufenden Saumkanten oder die Saum- und Besatzkante. Bei Bedarf nach dem Versäubern die Zugabe 1 cm breit auf die linke Seite kippen und bügeln. Schlagen Sie zunächst die senkrecht verlaufende Kante, danach die untere Saumkante auf die rechte Seite um und bügeln Sie diese.

2 Stecken Sie die Saumzugabe in Saumbreite rechts auf rechts auf die senkrechte Kante. Steppen Sie die Saumzugabe im Bügelbruch der senkrecht verlaufenden Kante fest. Bügeln Sie die Naht und wenden Sie den Saum zur linken Seite. Nun können Sie den Saum fixieren.

Verstürzen

Etwas verstürzen bedeutet, eine Kante mit einem zusätzlichen Schnittteil bzw. Stoffstück zu versäubern. Sind die Teile entlang der Kanten zusammengenäht, werden sie von links auf rechts gewendet = verstürzen. Man unterscheidet zwischen dem Verstürzen einer offenen Kante und dem Verstürzen geschlossener Teile. Bei beiden Arten wird immer ein zweites Schnittteil, z.B. ein Besatz- oder Belegstreifen für offene Kanten oder ein gleich großes Schnittteil beim geschlossenen Verstürzen benötigt.

Offene Kante verstürzen

Legen Sie den Besatz (auf dem Foto mit Vlieseline verstärkt) rechts auf rechts auf die Kante und stecken oder heften Sie ihn fest. Steppen Sie die Naht und bügeln Sie sie. Die Nahtzugaben senkrecht bis kurz vor die Nahtlinie einschneiden. Den Besatz auf die linke Seite wenden. Die Kante heften und bügeln, evtl. von rechts schmalkantig absteppen.

Briefecken

Geschlossene Teile verstürzen

Taschen, Klappen oder Bindebänder werden rundum beziehungsweise mit sich selbst verstürzt. Schneiden Sie das zu verstürzende Teil aus Oberstoff zweimal zu, nach den Angaben der Nähanleitung evtl. auch aus Vlieseline. Bügeln Sie die Vlieseline auf das entsprechende Teil auf. Legen Sie die Schnittteile rechts auf rechts aufeinander und stecken oder heften Sie sie. Steppen Sie die Teile in Nahtzugabenbreite aufeinander und lassen Sie einen Schlitz zum Wenden offen. Die Länge richtet sich nach der Größe des Teiles, das durch den Schlitz gewendet wird. Schneiden Sie vor dem Wenden die Nahtzugaben zurück, an den Ecken schräg weg und in den Rundungen senkrecht bis 2 mm vor die Naht ein; die Naht bügeln und wenden. Alle Kanten exakt ausformen und erneut bügeln.

1 Für den Zuschnitt rechnen Sie zur gewünschten fertigen Größe die Breite des Briefeckensaums, z. B. 3 cm, plus die Nahtzugabe von 1 cm dazu. Für eine 40 x 40 cm große Serviette mit einem 3 cm breiten Saum schneiden Sie 48 x 48 cm zu. Bügeln Sie die Nahtzugaben rundum ein, wahlweise zur rechten oder linken Stoffseite. Anschließend klappen Sie die Kanten erneut in Breite des Briefsaums, also 3 cm, um und bügeln auch diese Kante ein.

2 Klappen Sie die eingebügelten Briefsaumkanten wieder auf, die 1 cm breite Nahtzugabe bleibt eingefaltet. Falten Sie die Ecken in der Diagonale rechts auf rechts. Zeichnen Sie vom Kreuzungspunkt der Bügelkanten in der Ecke einen 45-Grad-Winkel zu den eingebügelten Kanten. Stecken Sie die Kanten aufeinander und steppen Sie die Naht entlang der Markierung. Die Nahtzugaben entlang der Naht 0,5 cm breit zurückschneiden, bügeln. Ecken auseinanderziehen und die Nahtzugaben auseinanderbügeln. Die Ecken wenden, formen und bügeln.

BRIEFECKEN VERSTÜRZEN

Bei dieser Technik werden die Ecken und Kanten mit einem extra breiten Saum verstürzt, dessen schräge Eckennaht auch zur rechten Seite gefaltet werden kann und dadurch sehr dekorativ wirkt. Voraussetzung ist dabei ein Stoff, der beidseitig verwendbar ist, z. B. gewebte Streifen oder Karos oder durchgefärbte Druckstoffe. Briefecken werden häufig bei Tischsets, -decken und Vorhängen gearbeitet.

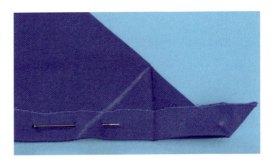

Grundwissen 53

Streifeneinfassung

3 Stecken und heften Sie die eingebügelten Saumkanten rundum fest. Steppen Sie die Saumkanten schmalkantig ab. Sehr dekorativ wirken auch Zierstiche oder ein Langettenstich in einer Kontrastfarbe, z. B. mit Maschinenstickgarn Rayon 40.

KANTEN MIT STREIFEN EINFASSEN

Diese Möglichkeit wird häufig bei der Wohndeko verwendet. Dabei unterscheidet man das Einfassen mit Streifen, die in geradem Fadenlauf zugeschnitten sind, und das Einfassen mit Schrägstreifen. Streifen mit geradem Fadenlauf müssen selbst zugeschnitten werden. Schrägstreifen gibt es in vielen Farben und mit Mustern fertig zugeschnitten und vorgebügelt. Um diese genau auf den Oberstoff abzustimmen, können Sie aber auch Schrägstreifen mit wenigen Hilfsmitteln ganz einfach selbst anfertigen. Passen die Streifen genau zum Obermaterial, wirkt das fertige Stück hochwertiger.

Einfassen mit geraden Streifen

Häufig werden mehrlagige Patchworkdecken mit Streifen eingefasst. Der Zuschnitt der Streifen berechnet sich aus 2 x der fertigen Breite plus 2 x je 1 cm Nahtzugabe. In der Länge messen Sie die Kante der Decke plus 2 x Streifenbreite inkl. Nahtzugaben.

1 Schneiden Sie den Streifen in der errechneten Länge und Breite zu. Bügeln Sie die Längskanten des Streifens 1 cm breit auf die linke Seite, dann die Bruchkanten links auf links falten und erneut bügeln. Stecken Sie nun die Streifen für die Längskanten aufgefaltet rechts auf rechts auf die Längskanten und steppen Sie die Nähte 1 cm breit.

2 Die Schmalseiten an den Ecken mit eingefalteter Zugabe rechts auf rechts legen und in Nahtzugabenbreite steppen. Die Nahtzugabe 0,5 cm breit zurück- und zur Ecke hin schräg wegschneiden und bügeln. Die Ecken wenden und die Streifen über die Quiltkante falten. Die Längskante stecken und heften, auf der Rückseite festnähen oder von rechts schmalkantig oder im Nahtschatten (siehe Tipp) absteppen. Bei vier Kanten einer Decke können Sie zuerst die gegenüberliegenden Kanten einfassen, dann die offenen Kanten nach der Anleitung von Schritt 1 und 2. Zweite Variante: Die Kanten 1–4 nacheinander ver-

säubern, dafür den 1. Streifen nach Schritt 1 ansetzen und die zweite Längskante schmalkantig feststeppen. Den 2. Streifen setzen Sie im Anschluss an eine Ecke an (Schritt 1) und verstürzen dieses Ende (Schritt 2), dann die Längskante feststeppen. Die dritte und vierte Kante wie bei der zweiten Kante arbeiten, zum Schluss die letzte Ecke verstürzen.

Stehsaum

Nahtschatten

Nähen im „Nahtschatten" bedeutet, Sie steppen entlang einer Naht und fixieren dabei mehrere übereinanderliegende Stofflagen. Beim Quilten ergibt das durch die Wattierung einen plastischen Effekt. Wenn Sie Streifen im Nahtschatten steppen, dann müssen Sie sicherstellen, dass die Bruchkante des Streifens auf der Rückseite etwa 1–1,5 mm breit über die Ansatznaht hinausreicht.

3 Zeichnen Sie an den Streifenenden von der Bruchkante der Streifen einen 45-Grad-Winkel zu den aufeinandergelegten Kanten. Der Abstand zwischen den Schrägen an den Kanten ist die Länge der Kissenkante plus Nahtzugabe. Übertragen Sie die Schräge auch auf die Rückseite des Streifens.

Einfassen mit Stehsaumstreifen

Diese Kantenverarbeitung ist doppellagig und wird häufig an Kissen, manchmal auch an Vorhängen als kontrastfarbige Einfassung gearbeitet.

1 Für den Zuschnitt der Stehsaumstreifen messen Sie die einzelnen Kanten, z. B. eines 40 x 60 cm großen Kissens, der fertige Stehsaum soll z. B. 5 cm breit sein. Rechnen Sie zur Länge der 40 cm langen Kante zweimal die fertige Breite = 10 cm dazu, außerdem noch zweimal die Nahtzugaben von je 1 cm = 52 cm, für die 60 cm lange Kante = 72 cm. In der Breite berechnen Sie zweimal die Breite plus zweimal Nahtzugabe = 12 cm. Sie benötigen jeweils 2 Streifen mit den errechneten Maßen.

2 Bügeln Sie alle Längskanten der Streifen in Nahtzugabenbreite auf die linke Seite. Anschließend falten Sie die Bruchkanten der Streifen links auf links aufeinander und bügeln den Bruch.

4 Falten Sie die eingebügelten Streifen auf und stecken und heften Sie die Streifen rechts auf rechts auf die Kissenkanten, dabei stehen an den Streifenenden die halben Streifenbreiten über (mit den

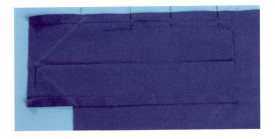

Grundwissen 55

Kanten einfassen

45-Grad-Markierungen). Die Ansatznähte zwischen den Markierungen von Ecke zu Ecke steppen. Die Nahtzugaben der Streifen senkrecht bis dicht an die Ansatznaht einschneiden.

5 Legen und stecken Sie die Markierungen der aneinanderstoßenden Streifenenden rechts auf rechts und steppen Sie die Nähte. Die Zugaben zurück- und an den Spitzen quer wegschneiden; die Nahtzugaben auseinanderbügeln.

6 Wenden Sie die Stehsaumkanten zur linken Seite, die Nahtzugaben bleiben eingefaltet. Stecken und heften Sie die eingebügelten Saumkanten des Stehsaums auf der linken Seite anstoßend an die Ansatznaht. Steppen Sie von der rechten Seite her den Stehsaum schmalkantig neben der Ansatznaht ab oder im Nahtschatten (siehe Tipp S. 55), dabei werden die darunterliegenden Kanten mitgefasst.

Schrägband selbst anfertigen

Als Material für Schrägbänder eignen sich feste, aber nicht zu dicke Stoffe wie Baumwolle, Leinen, Satin, Woll- oder Mischgewebe. Durch den schrägen Fadenlauf lassen sich gerade und gerundete Kanten ebenso wie Innen- und Außenecken einfassen. Optimal passend zum Nähstück sind Schrägbänder, die Sie selbst anfertigen. Schere, Lineal, Kreide und Bügeleisen sind die Werkzeuge dafür, noch einfacher geht es, wenn Sie Schrägbandformer (aus der Kurzwarenabteilung) verwenden. Diese gibt es in verschiedenen (fertigen) Breiten von 12, 18 und 25 mm, nach dem Verarbeiten ist die Hälfte dieser Breiten von einer Seite sichtbar. Der Zuschnitt des Bandes erfordert jeweils die doppelte Breite.

1 Für das Zuschneiden eines Schrägbandes falten Sie den Stoff diagonal. Nehmen Sie die Ecke einer im Fadenlauf geschnittenen Stoffbahn und ziehen Sie sie schräg zur gegenüberliegenden Webkante. Die Schnittkante liegt bündig auf der Webkante. Bügeln Sie den Bruch der Diagonalen.

2 Klappen Sie die Stoffbahn wieder auf. Markieren Sie mit Lineal und Schneiderkreide vom Bügelbruch aus die Parallelen für den Zuschnitt der Schrägbänder. Schneiden Sie die Bänder zu.

Schrägband anfertigen

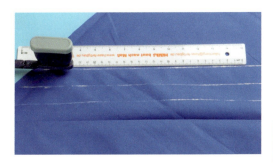

3 Zum Zusammennähen der Schrägbänder legen Sie die Enden der Bänder im rechten Winkel übereinander, die Nahtzugaben stehen dabei seitlich über. Die Naht 0,5 cm breit nähen und die Nahtzugaben auseinanderbügeln. Schneiden Sie die überstehenden Ecken mit der Schere im Verlauf des Schrägbandes weg.

4 Schieben Sie das Ende des Schrägbandes in den Schrägbandformer, die Nahtzugaben zeigen nach oben. Bleibt der Stoff stecken, schieben Sie ihn mit einer Nadel durch den obenliegenden Schlitz im Former nach vorne, bis der gefaltete Stoff an der Spitze herausschaut. Setzen Sie nun das Bügeleisen auf den gefalteten Stoff und ziehen Sie den Former am Bügel langsam in Richtung des offenen Schrägbandes, dabei „verfolgen" Sie mit dem Bügeleisen den Former. So wird das Band gefaltet und gebügelt.

5 Als letzten Schritt bügeln Sie die Längskanten der gefalteten Bänder mit 1 mm Überstand auf einer Seite links auf links aufeinander. Beim Annähen wird die kürzere Seite an eine Stoffkante genäht und die längere darübergeklappt. Nun das Schrägband feststeppen.

Fertig gebügeltes Schrägband

Bänder im schrägen Fadenlauf, die dadurch besonders flexibel sind, gibt es in verschiedenen Breiten, Mustern und Materialien. In der Hauptsache aber unifarben aus Baumwolle und Satin, außerdem Bänder mit Punkten oder Vichykaro.

Einfassen mit Schrägband

Bei dieser Kantenversäuberung und -betonung gibt es zwei grundsätzliche Varianten, rechts auf rechts und rechts auf links.

Schrägstreifen rechts auf rechts

1 Legen Sie die aufgefaltete Ansatzlinie des Schrägbandes genau auf die Nahtlinie des Nähguts, Sie können die überstehenden Nahtzugaben vor dem Nähen auch zurückschneiden. Stecken und heften Sie die Längskante fest. Steppen Sie das Schrägband im Bügelbruch entlang der Nahtlinie auf.

Mit Schrägband einfassen

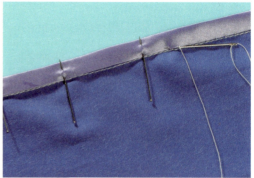

2 Falten Sie das Schrägband um die Kante, dabei bleibt die eingebügelte Nahtzugabe des Schrägbandes eingefaltet. Stecken oder heften Sie die Kante mit 1 mm Überstand über der Ansatznaht oder genau an der Ansatznaht anstoßend auf der Innenseite fest.

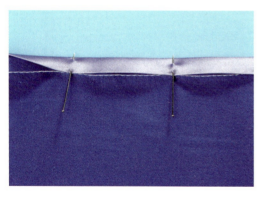

Es gibt verschiedene Möglichkeiten, die zweite Kante des Schrägstreifens festzunähen:

Schrägstreifen mit Handstichen fixieren
Die Bruchkante der zweiten Saumzugabe des Schrägstreifens stößt an der Ansatznaht an. Nähen Sie mit kleinen Handstichen, die die Bruchkante an der Ansatznaht fixieren, die innere Kante an der Nahtzugabe fest.

Schrägstreifen schmalkantig aufsteppen
Auch hier stößt die Bruchkante der inneren Saumzugabe an der Ansatznaht an. Nähen Sie auf der rechten Seite schmalkantig neben der Ansatznaht auf dem Schrägstreifen, dabei wird das Schrägband auf der linken Seite mitgefasst.

Schrägstreifen im Nahtschatten feststeppen
Hier muss die Bruchkante auf der Innenseite etwa 1–2 mm über der Ansatznaht überstehen (beim Bügeln der aufeinandergelegten Längskanten beachten). Steppen Sie auf der rechten Seite die Naht im Nahtschatten, dabei wird das unten liegende Schrägband gleichzeitig mitgefasst.

Einfassen

Schrägstreifen rechts auf links

1 Schneiden Sie die Saumzugabe am Schnittteil auf die gleiche Breite der Zugabe am Schrägstreifen zurück. Falten Sie das Schrägband auf und legen Sie die Längskante rechts auf links auf die Schnittkante des Stoffes. Stecken und/oder heften Sie die Längskante fest. Steppen Sie das Schrägband entlang des Bügelbruchs auf, evtl. anschließend die Nahtzugaben des Nähguts zurückschneiden.

2 Falten Sie das Schrägband um die Kante zur rechten Stoffseite, dabei bleibt die eingebügelte Nahtzugabe eingefaltet. Stecken oder heften Sie die Kante an der Ansatznaht anstoßend auf der Innenseite fest. Steppen Sie den Schrägstreifen auf der rechten Seite schmalkantig fest.

Gerundete Kanten einfassen

Bei Rundungen wird an der äußeren Kante des Schrägstreifens Mehrweite gegenüber der Ansatznaht benötigt. Nur so liegt die fertig eingefasste Kante flach auf. Nur bei schwachen Rundungen können Sie das Einhalten durch Anschieben beim Annähen erreichen. Dafür sollten Sie aber zu den geübteren Näherinnen gehören.

1 Messen Sie die Außenrundung und die Länge der Ansatznaht. Steppen Sie in der Länge der Außenrundung innerhalb der Nahtzugabe des Schrägstreifens zwei Reihnähte. Die Unterfäden so weit anziehen, bis die Ansatznaht des Schrägstreifens auf die Länge der Ansatznaht der Rundung eingehalten ist, dabei dürfen keine Fältchen entstehen.

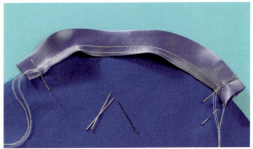

2 Stecken und/oder heften und steppen Sie das Schrägband auf die Kante (s. Einfassen mit Schrägstreifen, S. 57, Schritte 1–2) und klappen Sie es darüber. Die Innenkante heften und durch Bügeln einhalten, anschließend feststeppen.

Ecken einfassen

1 Stecken Sie das aufgefaltete Schrägband bis zur Ecke auf der Stoffkante fest (s. Einfassen mit Schrägstreifen, S. 57, Schritt 1). Steppen Sie die Naht bis zur Ecke, das Nahtende mit Rückstichen sichern.

Schrägband an Ecken und Rundungen

2 Legen Sie eine Falte mit dem Schrägband, sodass die dadurch entstehende Bruchkante genau auf der Schnittkante des Stoffteils liegt. Die Schnittkante des Schrägbandes liegt genau entlang der Stoffkante, die eingefasst werden soll. Markieren Sie die Fortsetzung der Ansatznaht mit einer Stecknadel, die Sie von hinten senkrecht nach vorne durchstechen. Stecken und heften Sie das Schrägband von dem Eckpunkt aus fest und steppen Sie die Ansatznaht weiter von diesem Punkt aus, dabei den Nahtbeginn mit Rückstichen sichern.

3 Falten Sie das Schrägband um die Kante herum, dabei bleibt die eingebügelte Nahtzugabe eingefaltet. Die Falte an der Bruchkante einlegen, zur Ecke hin schräg auslaufen lassen und feststecken. Die zweite Bruchkante des Schrägstreifens festnähen (s. Schrägstreifen fixieren, auf- oder feststeppen, S. 58).

Paspel oder Schnurpaspel

Paspeln oder Schnurpaspeln sind aus Schrägbändern geschnitten. Sie dienen hauptsächlich zur Zierde aber auch als Versäuberung und Kantenverstärkung. Eine einfache Paspel ist ein doppelt gelegtes Schrägband, die Schnurpaspel wird aufeinandergenäht und in den Bruch eine Kordel eingelegt. Auch die Schnurpaspel kann man wie ein Schrägband selbst anfertigen.

Um die Stoffbreite für das Schrägband der Schnurpaspel zu bestimmen, falten Sie einen Rest des Stoffs, den Sie dafür verarbeiten, zur Diagonalen. Schieben Sie die Kordel in den Bruch und stecken Sie dicht neben der Kordel Stecknadeln ein. Ziehen Sie 1,5 cm unterhalb der Stecknadeln eine parallele Linie zur Kordel und schneiden Sie den doppelt gelegten Stoff entlang der Linie ab. Nach dem Entfernen der Stecknadeln können Sie die Breite des benötigten Schrägstreifens abmessen.

Bei der einfachen Paspel gilt für die Berechnung der Breite: das Doppelte der sichtbaren fertigen Breite plus 2 x je 1 cm Nahtzugabe.

1 Schneiden Sie Schrägbänder zu (Schrägband selbst anfertigen, Schritte 1–3, S. 56). Die Schnittkanten längs links auf links falten und den Bruch bügeln. Steppen Sie die Paspel in Nahtzugabenbreite minus 2 mm neben den Schnittkanten ab. Achten Sie darauf, dass Sie den Stoff beim Nähen nicht dehnen, da er im schrägen Fadenlauf zugeschnitten ist. Für die Schnurpaspel schieben Sie die Kordel dicht an den Bruch, dabei liegen die Schnittkanten des Streifens bündig aufeinander. Steppen Sie mit dem Reißverschlussfüßchen dicht neben der Kordel entlang.

Verschlüsse

2 Legen Sie die Paspel rechts auf rechts zwischen eine Naht oder an eine Schnittkante, die offenen Kanten sind immer zu den Naht- oder Saumzugaben gerichtet. Die Naht bzw. den Saum steppen und entlang der Ansatznaht zur linken Seite bügeln.

Paspeln zwischenfassen

Paspeln werden häufig zwischen 2 Stofflagen zwischengefasst, z. B. an den Außenkanten von Kissen.

Legen Sie die Stoffteile rechts auf rechts mit der dazwischengelegten Paspel- oder Schnurpaspel aufeinander. Die Stepplinie der Paspel sollte knapp innerhalb der Nahtzugabe neben der Nahtlinie liegen. An Ecken schneiden Sie die Nahtzugabe der Paspel senkrecht bis kurz vor die Naht ein. An Rundungen schneiden Sie die Nahtzugaben der Paspel zu Beginn und am Ende, außerdem zwischen diesen beiden Einschnitten mehrmals senkrecht bis kurz vor die Nahtlinie ein. So lässt sich die Paspel gut in Form legen.

Beim Steppen der Naht verringern Sie kurz vor bis nach der Rundung bzw. der Ecke die Stichlänge, so werden die Einschnitte an der Paspel zusätzlich vor dem Einreißen fixiert.

Verdeckt eingesetzter Reissverschluss

Den Standardreißverschluss gibt es in Längen zwischen 8 und 80 cm in vielen verschiedenen Farbtönen mit Metall- oder Kunststoffzähnchen.

1 Zuerst schließen Sie die Naht bzw. beide Nähte bis zu den Einsatzmarkierungen des Reißverschlusses. Dabei Nahtende und -anfang mit Rückstichen sichern. Den Bereich, in dem der Reißverschluss eingesetzt wird, mit Heftstichen schließen (von Hand oder mit der Nähmaschine). Die Nahtzugaben auseinanderbügeln, die Kanten einzeln versäubern.

2 Legen Sie den Reißverschluss mit der rechten Seite so auf die rückseitigen Nahtzugaben, dass die Zähnchen genau mittig über der Heftnaht liegen. Stecken Sie das Reißverschlussband auf der Nahtzugabe fest und heften Sie es an einer Seite mit der Maschine (mit Stichlänge 4–6 mm) entlang der äußeren Kante. Dabei klappen Sie das darunterliegende Nähgut von der Heftnaht weg zur linken Seite.

3 Die zweite Hälfte des Reißverschlussbandes auf die andere Nahtzugabe heften, dabei ebenfalls das Nähgut von der Heftnaht wegziehen. Drehen Sie das

Knöpfe und Knopflöcher

Nähgut auf die rechte Seite und heften Sie den Reißverschluss rundum durch alle Stofflagen fest.

4 Steppen Sie den Reißverschluss von rechts an beiden Längskanten und einer bzw. beiden Querkanten dicht neben den darunterliegenden Reißverschlusszähnchen mit dem Reißverschlussfuß fest.

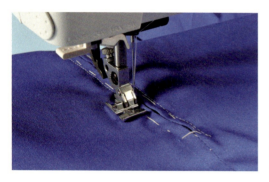

5 Lösen Sie die mittig über dem Reißverschluss liegende Heftnaht mit einem Trennstab oder einer kleinen Schere und entfernen Sie rundum alle Heftfäden.

Sichtbarer Reissverschluss

An Taschen, Jacken oder zur Zierde werden Reißverschlüsse auch so eingesetzt, dass die Zähnchen sichtbar sind.

Bügeln Sie die Stoffkanten entlang der Reißverschlussansatzkante um und versäubern Sie die Nahtzugaben. Heften Sie die Bruchkanten anstoßend an den Zähnchen auf die Reißverschlussbändchen. Mit dem Reißverschlussfüßchen die Stoffkanten schmalkantig auf die Bändchen steppen, evtl. mit einer zweiten Steppnaht oder Zierstichen betonen.

Knöpfe

Auch ein Verschluss mit Knopflöchern und Knöpfen erfüllt nicht nur einen Zweck, sondern wird häufig als dekoratives Element eingesetzt.

Industriell gefertigte Knöpfe werden aus Kunststoff hergestellt, weitere Materialien sind Glas und Metall. Handgearbeitete Knöpfe aus Holz, Perlmutt und anderen Naturmaterialien sind meistens ein starker Blickfang und müssen stylistisch gut auf das Bekleidungsstück abgestimmt sein.

Wäscheknöpfe (1) werden beim Nähen durchstochen und sind mit Stoff bzw. einem Fadengeflecht überzogen. Hemdenknöpfe (2) sind flach und haben zwei bis vier Löcher. Werden diese Knöpfe auf mehrlagigen Verschlusskanten angenäht, sollten Sie einen Schaft arbeiten. Knöpfe mit Schaft (3) oder Metallöse (4) werden durch den Schaft bzw. die Öse auf dem Stoff befestigt.

Auch Knöpfe, die mit dem Oberstoff des Kleidungsstückes bezogen werden, gehören zu dieser Kategorie. Fertigsätze für verschiedene Knopfgrößen und -formen zum Beziehen erhalten Sie in der Kurzwarenabteilung. Bei genieteten Knöpfen wird die Niete (5) mit einem Dorn mit dem Hammer durch den Stoff in den Knopf geschlagen. Werkzeug zur Befestigung

Amerikanischer Verschluss

liegt der Packung bei. Häufig sind genietete Knöpfe (6) an Jeanskleidung zu finden.

KNOPFLÖCHER

Knopflöcher sind mit den heutigen Nähmaschinen ein echtes Kinderspiel. Mit einer computergesteuerten Maschine brauchen Sie nur noch die Knopfgröße einstellen bzw. den Knopf in das Knopflochfüßchen einlegen, das Knopfloch auswählen und schon ist das Knopfloch im Handumdrehen genäht. Bei mechanischen Maschinen genügt auch das Einlegen des Knopfes in den Fuß, hier müssen Sie meistens die einzelnen Schritte nacheinander anwählen. Ein Beispiel für ein Knopflochfüßchen sehen Sie auf Seite 47. Beachten Sie die Bedienungsanleitung Ihrer Nähmaschine, dann kann nichts schief gehen.

Sind Sie unsicher, ob es gelingt, nähen Sie ein Probeknopfloch in einen doppelt gelegten Stoffrest. Besonders schön werden Knopflöcher, wenn Sie Stickvlies wie Tear Easy unterlegen. Das wird danach einfach weggerissen, das Ergebnis ist perfekt.

Wichtig bei Knopflöchern ist, vor allem wenn Sie mehrere davon nähen, die Lage vorher genau anzuzeichnen. Die Richtung des Knopflochs bestimmt, in welche Richtung der Knopf beweglich ist, also in Quer- oder Längsrichtung.

AMERIKANISCHER VERSCHLUSS

Der Schnell-Verschluss für Kissen ohne Knöpfe oder Reißverschluss! Was Sie beachten müssen: je weiter die Kissenöffnung ist, umso breiter sollten die Verschlussteile übereinanderliegen. Zum Beispiel genügt bei einem 40 x 40 cm großen Kissen ein Überstand von 6–12 cm, bei einem 80 x 80 cm großen Kissen sollte dieser möglichst 15–20 cm betragen.

Zuschnitt berechnen und nähen

Für das Kissenvorderteil rechnen Sie an allen Kanten 1 cm Nahtzugabe zur gewünschten Größe, z. B. bei 50 x 50 cm plus 2 cm = 52 x 52 cm. Das rückwärtige Kissenteil teilen Sie in Hälften = 50 x 25 cm, dazu rechnen Sie je 1 cm an allen Kanten = 52 x 27 cm, plus 2 cm Saumzugabe für den Verschluss plus die Hälfte des Überstandes = 7 cm. So erhalten Sie eine Gesamtgröße pro rückwärtigem Schnittteil von 52 x (27 + 2 + 7) = 52 x 36 cm (Schemazeichnungen S. 64). Schneiden Sie die drei Teile, vorderes und zwei rückwärtige Kissenteile, zu.

Bügeln Sie an den rückwärtigen Kanten je eine Schmalseite 1 cm und nochmal 2 cm auf die linke Seite und steppen Sie die Saumkante schmalkantig ab. Die beiden rückwärtigen Kissenteile links auf rechts übereinanderlegen, sodass ein Quadrat mit 52 cm Außenlänge entsteht. Die Teile entlang des Verschlusses aufeinanderheften oder -stecken, evtl. von den Seiten her wenige Zentimeter aufeinandersteppen.

Die Rückteile rechts auf rechts auf das Kissenvorderteil stecken und heften. Die Naht rundum 1 cm breit steppen. An den Ecken die Nahtzugaben schräg wegschneiden, die Kanten zusammengefasst versäubern. Die Naht bügeln, durch den Schlitz wenden.

Schemazeichnungen

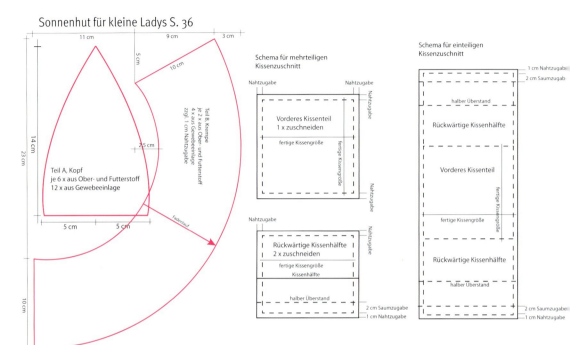

IMPRESSUM

© Verlagsgruppe Weltbild GmbH, Steinerne Furt, 86167 Augsburg

Projektleitung, Redaktion, Texte: Heidi Grund-Thorpe
Layout und Umschlaggestaltung: Grund-Thorpe-Design
Bildnachweis: Gütermann creativ: S. 1–37; Weltbild Sammler-Editionen: S. 38 und S. 44–65; Prym consumer GmbH: S. 39–41
Modelle: Susanne Winkler, S. 18–19; Renate Bieber, S. 30; alle übrigen
Modelle: Petra Hüttermann, Nadja Knab-Leers
Gesamtherstellung: Offizin Andersen Nexö Leipzig GmbH, Zwenkau
Printed in the EU

ISBN 978-3-8289-2700-1

Alle Rechte vorbehalten

Wir bedanken uns bei den Firmen Gütermann GmbH, PFAFF®, Prym consumer GmbH sowie den Weltbild Sammler-Editionen für Ihre Unterstützung bei der Erstellung des Buches.

Das Werk einschließlich seiner Teile ist urheberrechtlich geschützt. Jede Verwertung außerhalb des Urhebergesetzes ist ohne Zustimmung des Verlages unzulässig und strafbar. Das gilt insbesondere für Vervielfältigungen, Übersetzungen, Mikroverfilmungen und die Einspeicherung in elektronischen Systemen.

Es ist deshalb nicht gestattet, Abbildungen dieses Buches zu scannen, in PCs oder auf CDs zu speichern oder in PCs/Computern zu verändern oder einzeln und zusammen mit anderen Bildvorlagen zu manipulieren, es sei denn mit schriftlicher Genehmigung des Verlages.

Die im Buch veröffentlichten Ratschläge wurden von der Verfasserin und dem Verlag sorgfältig erarbeitet und geprüft. Eine Garantie kann dennoch nicht übernommen werden. Ebenso ist die Haftung der Verfasserin bzw. des Verlages und seiner Beauftragten für Personen-, Sach- und Vermögensschäden ausgeschlossen.

Jede gewerbliche Nutzung der Arbeiten und Entwürfe ist nur mit Genehmigung der Verfasserin und des Verlages gestattet.